Guía de Supervivencia.

La guía máxima de cómo sobrevivir todo tipo de peligros inesperados, desastres naturales y situaciones peligrosas. Incluye habilidades esenciales para la selva, bosque, desierto, etc.

Contenido

Introducción 1

Capítulo 1: La mentalidad de supervivencia 3

Capítulo 2: Pidiendo Ayuda 10

Capítulo 3: Creando un Campo Base 19

Capítulo 4: Cómo encontrar alimentos y agua 27

Capítulo 5: Lidiando con los Elementos 42

Capítulo 6: Sobreviviendo a un Desastre Natural 51

Capítulo 7: Técnicas de Primeros Auxilios 60

Capítulo 8: Cómo prepararse ante desastres imprevistos 73

Capítulo 9: Preparando tu casa 80

Capítulo 10: Conservación y envasado 90

Capítulo 11: Almacenamiento de agua 110

Capítulo 12: Fundamentos del almacenamiento a largo plazo ... 120

Capítulo 13: Variaciones en las bodegas 137

Conclusión 148

© **Copyright 2018 por Zach Williams - Todos los derechos reservados.**

El siguiente eBook se reproduce a continuación con el objetivo de proporcionar información lo más precisa y fiable posible. A pesar de todo, la compra de este eBook puede considerarse como un consentimiento al hecho de que tanto el editor como el autor de este libro no son de ninguna manera expertos en los temas tratados en él y que cualquier recomendación o sugerencia que se haga en el presente documento es sólo para fines de entretenimiento. Se deberá consultar a profesionales, según sea necesario, antes de emprender cualquiera de las acciones aquí mencionadas.

Esta declaración es considerada justa y válida tanto por la Asociación Americana de Abogados como por el Comité de la Asociación de Editores y es legalmente vinculante en todos los Estados Unidos.

Además, la transmisión, duplicación o reproducción de cualquiera de los siguientes trabajos, incluyendo información específica, se considerará un acto ilegal, independientemente de si se realiza por vía electrónica o impresa. Esto se extiende a la creación de una copia secundaria o terciaria de la obra o de una copia grabada y sólo se permite con el consentimiento expreso por escrito del Editor. Todos los derechos adicionales reservados.

La información de las páginas siguientes se considera en general como un relato veraz y preciso de los hechos y, como tal, cualquier falta de atención, uso o uso indebido de la información en cuestión por parte del lector hará que las acciones resultantes queden exclusivamente bajo su responsabilidad. No hay escenarios en los que el editor o el autor original de este trabajo puedan ser considerados responsables de alguna manera por cualquier dificultad o daño que les pueda ocurrir después de haber aplicado la información aquí descrita.

Además, la información de las páginas siguientes está destinada únicamente a fines informativos y, por lo tanto, debe considerarse como universal. Como corresponde a su naturaleza, se presenta sin garantía de su validez prolongada o de su calidad provisional. Las marcas registradas que se mencionan se hacen sin consentimiento por escrito y de ninguna manera pueden ser consideradas como un endoso del titular de la marca registrada.

Introducción

Felicitaciones por elegir la *Guía De Supervivencia: La guía máxima de cómo sobrevivir todo tipo de peligros inesperados, desastres naturales y situaciones peligrosas,* y gracias por hacerlo. A pesar de la relativa comodidad y seguridad del mundo moderno, la madre naturaleza siempre está ansiosa por demostrar de lo que aún es capaz, a menudo en los peores momentos posibles. La supervivencia en estas situaciones significa estar preparado con lo básico cada vez que uno sale de la comodidad de su propio hogar, ya que nunca se sabe lo que puede pasar en la próxima curva.

Como tal, los siguientes capítulos discutirán todo lo que necesitas hacer para sobrevivir en caso de que te encuentre en una situación de supervivencia inesperada, comenzando con el uso de una mentalidad de supervivencia para asegurar que tus necesidades sean atendidas en un orden apropiado y de la manera más eficiente posible. Luego aprenderás todo lo que se requiere para establecer un campamento base adecuado, incluyendo la creación de múltiples tipos de refugio en caso de que te encuentre solo y enfrentando los elementos sin una tienda de campaña. Con el refugio fuera del camino, deberás considerar tus opciones de comida y agua, las cuales van a ser de gran importancia tarde o temprano. Con estas tres grandes prioridades cubiertas, aprenderás varias técnicas para hacer frente a las inclemencias del tiempo de todo tipo y a los desastres naturales de todas las variedades. Finalmente, aprenderás diferentes técnicas de primeros auxilios, incluyendo cómo hacer una incisión, un torniquete y realizar la reanimación cardiopulmonar y qué hacer cuando entres en contacto con plantas venenosas o animales venenosos.

Capítulo 1: La mentalidad de supervivencia

Nunca se sabe cuándo te vas a encontrar en medio de una situación de emergencia en la que tu supervivencia está mucho menos asegurada de lo que estás acostumbrado. Como tal, es importante tomar siempre tantas precauciones de seguridad y supervivencia como sea posible, no sólo cuando se sale a la naturaleza específicamente, sino también si se viaja una larga distancia en automóvil, ya que nunca se sabe cuándo puede ocurrir lo peor. La primera cosa que se debe hacer si te encuentra en una situación de emergencia es establecer una mentalidad de supervivencia tan pronto como sea posible.

Una mentalidad de supervivencia es una mentalidad que se centra en asegurar que tus tres necesidades primarias de supervivencia sean atendidas, excluyendo todo lo demás. El cuerpo humano puede sobrevivir durante tres semanas sin alimentos, tres días sin agua y sólo tres horas al aire libre antes de morir por exposición a calor o frío extremos. Con esto en mente, si te encuentras en una situación de emergencia en la que la ayuda no está fácilmente disponible, entonces lo primero que hay que hacer es evaluar su situación y determinar si estás en peligro de sucumbir a la exposición. No te dejes engañar por las temperaturas que parecen algo templadas durante el día, planifica con anticipación y utiliza los recursos que tienes a tu disposición para aprovechar al máximo el tiempo que tienes antes de que el clima se vuelva en tu contra.

Habiéndote ocupado ya del refugio, es importante considerar tus otras necesidades, no sólo a corto plazo, sino un día, o incluso una semana después, dependiendo de la situación. Gran parte del mundo moderno gira en torno a la idea de la gratificación instantánea, por lo que es muy posible que te encuentres sentado y esperando el rescate que parece seguro que llegará tarde o temprano si te encuentras en una situación de emergencia. Sin embargo, esta es una estrategia que es tan probable que te mate como que te salve la vida, y convencerte a ti mismo de este hecho es el primer paso para asegurarte de que logres salir vivo de lo que sea que te haya sucedido y en una sola pieza.

Si te encuentras en una forma de shock leve, entonces la negación puede parecer una respuesta perfectamente razonable a lo que sea que te haya sucedido. Sí, puede ser injusto o increíble; no, ninguno de esos hechos va a vendar tus heridas o poner comida en tu vientre hasta que llegue la ayuda. La única manera de que suceda algo es si dejas de esperar que alguien más resuelva tus problemas y te pones a trabajar haciendo un plan de supervivencia; después, la ejecución de ese plan debería ser tu única misión hasta que la situación cambie.

Asegurando los tres grandes

Refugio: Al elegir una tienda de campaña, siempre debes buscar una que sea la más efectiva dependiendo de tu ubicación. Algunas tiendas pueden mantenerte un poco más aislado que otras, mientras que otras pueden reflejar el calor del sol haciéndolo un poco más fresco en su interior. También debes buscar una tienda de campaña que mantenga alejados a los insectos y al agua en caso de que llueva.

Agua: También se debe incluir un sistema de cocina, así como un sistema de filtración de agua. Con el equipo adecuado, puedes hacer que acampar se sienta como en casa.

Alimentación: El cuerpo humano puede durar hasta tres semanas sin ningún alimento. Durante este período tu cuerpo utilizará cualquier grasa corporal almacenada, así como también comenzará a consumir el músculo para obtener energía. Como tal, en cualquier tipo de situación de supervivencia, quieres que el número de calorías que consumes sea lo más cercano posible a tu promedio. La persona promedio come entre 1,500 y 2,000 calorías, cualquier punto dentro de ese rango definitivamente debería ser tu meta.

Durante una situación de supervivencia, se debe dar prioridad a los alimentos que tienen un alto contenido de grasas saludables. Los alimentos que contienen grasas saludables proporcionan más del doble de calorías por libra en comparación con los alimentos que están compuestos principalmente de proteínas. Esta es la razón por la cual la mezcla de frutos secos es un alimento popular para llevar en un viaje de campamento, ya que las nueces son altas en grasas saludables y un solo puñado puede darte varios cientos de calorías. Esto es beneficioso por numerosas razones, la primera y más importante de las cuales es que significa que no necesitas cargar mucho peso cuando salgas a explorar la naturaleza, mientras que también te proporciona mucha energía para todo el ejercicio que vas a hacer.

Los alimentos ricos en calorías son perfectos para sobrevivir porque son densos en energía y el cuerpo requiere una cierta cantidad de energía por día. Cualquier exceso de calorías que consuma el cuerpo lo convertirá en grasa y músculo, lo que significa que si te encuentra en una situación en la que la comida es limitada pero actualmente tienes demasiado que llevar, debes tratar de comer lo más que puedas antes de tirar cualquier cosa. Si bien es perfectamente natural querer y traer alimentos saludables más tradicionales cuando se está en la naturaleza, el hecho es que se necesita traer cinco veces más verduras y frutas que nueces y grasas saludables para obtener el mismo resultado.

Éste es un pequeño ejercicio mental sobre alimentación: imagina que estás varado y que sólo puedes elegir entre dos opciones de comida: un suministro ilimitado de espinacas, o un suministro ilimitado de bistec. ¿Qué elegirías comer para sobrevivir el mayor tiempo posible? Si elegiste la espinaca porque pensaste que contiene más nutrientes, entonces estás equivocado.

Aunque la espinaca es conocida por tener muchos nutrientes increíbles, en este caso la respuesta correcta sería el bistec; una porción de 225 gramos de bistec podría contener más de 500 calorías, mientras que necesitarías comer más de 1.3 kilos de espinaca para consumir 500 calorías. La espinaca también carece de la cantidad de proteína de alta calidad que proporciona el bistec. Tu cuerpo necesita esa proteína para reconstruir el tejido muscular y curar lesiones, dos cosas que son especialmente importantes si te encuentra en una situación de supervivencia y una dieta que consiste en espinacas te proporcionará esos mismos beneficios.

Además, aunque la espinaca es un carbohidrato, la principal fuente de energía del cuerpo, el bistec, sigue siendo una mejor opción porque la proteína puede servir doblemente al sanar el cuerpo de lesiones, así como para alimentar sus sistemas primarios. Escogiendo proteína animal todavía tendrás los nutrientes correctos que el cuerpo requiere para sobrevivir por una buena cantidad de tiempo hasta que seas rescatado o encuentres una fuente de alimento más abundante.

Capítulo 2: Pidiendo Ayuda

Preparándose para lo peor

Antes de salir a un área potencialmente peligrosa, siempre debes ponerte en contacto con varias personas y hacerles saber lo que estás haciendo y cuándo piensas regresar. No importa cuán competente te sientas en una situación de emergencia, sólo una pequeña cantidad de planificación previa puede salvarte la vida fácilmente. De la misma manera, si planeas quedarte en la naturaleza por un período prolongado de tiempo, realiza un horario con anticipación y prevé ponerte en contacto con el resto del mundo por lo menos una vez a la semana.

Si te encuentras en una situación de emergencia, lo primero que vas a querer hacer es considerar cómo vas a llegar al mundo exterior y hacerles saber que de repente necesitas ayuda. Si todavía estás cerca de la civilización, entonces hay una buena probabilidad de que tu teléfono inteligente todavía pueda ser capaz de obtener algún tipo de señal, la solución a tus problemas, de lo contrario puede ser necesario un walkie talkie o un radio. Antes de emprender cualquier tipo de excursión de varios días, siempre debes investigar y determinar qué nivel de comunicación externa puedes esperar y en qué bandas de radio o walkie talkie puedes comunicarte con los equipos de rescate.

Tienes que ser capaz de proporcionarles la mayor cantidad de información posible cuando te pongas en contacto con los rescatadores, debes tener esto en cuenta antes de entrar en la naturaleza. Cuando salgas de tu coche y de nuevo cuando llegues a tu destino o acampes para la noche, deberías marcar ese punto en un mapa. Luego, usando una brújula, anota la dirección general y cualquier otra coordenada que puedas reunir. Además, anota cualquier punto de referencia importante que pases, especialmente cualquier cosa que parezca visible desde el aire.

Encontrarte perdido

Si, por cualquier razón, te encuentras perdido, el acrónimo STOP puede ayudarte a evitar que la situación se descontrole.

S: (Stay) Quédate donde estás. Esto es quizás la cosa más importante por hacer si te encuentras perdido en un lugar desconocido, y es también algo que la mayoría de la gente no hace. Permanecer en un solo lugar siempre te hará más fácil de encontrar, ya que de lo contrario no tendrás una idea real de si estás ayudando o dañando tu situación. Cuanto más lejos camines del punto en el que perdiste tu camino, menos útiles serán tus preparativos para mantenerte en el camino. La única excepción a esta regla es si hay una oportunidad de obtener un mejor punto de vista en las cercanías, ya que esto no sólo te ayudará a hacer un balance de tu situación, sino que también hará más fácil que un equipo de rescate te encuentre.

T: (Think) Piensa en todo lo que recuerdes sobre el camino. Nunca sabes qué detalles podrían ayudar a un equipo de rescate a encontrarte o incluso ayudarte a reorientarte para que te des cuenta de que en realidad no estabas tan perdido, por lo que es importante hacer un balance de todo lo que recuerdas desde el punto en que sabías dónde estabas hasta el punto en que te encontraste perdido lo más rápido posible. Los recuerdos a corto plazo se desvanecen rápidamente, y los pequeños detalles, especialmente aquellos a los que no estabas prestando atención en primer lugar, se desvanecen aún más rápidamente; estos son los detalles que literalmente pueden salvar tu vida, así que haz todo lo que puedas para solidificarlos en tu mente lo antes posible.

O: Observa tu entorno. Una vez que hayas hecho un balance de cómo terminaste en tu situación actual, lo siguiente que querrás hacer es considerar el área en la que te encuentras actualmente, específicamente cualquier cosa que parezca como si hubiera sido hecha o alterada por los humanos o cualquier otro punto de referencia. Si encuentras algo hecho por el hombre, las probabilidades de que alguien venga aumentarán exponencialmente y tendrás aún más razones para no abandonar la zona, y otros puntos de referencia facilitarán que un equipo de rescate te encuentre si te pones en contacto con alguien.

P: Planifica lo que vas a hacer a continuación. Si te encuentras en una situación de emergencia, es importante que te tomes el tiempo para considerar todos los posibles cursos de acción. La seriedad de tu situación actual cambiará radicalmente tus próximos pasos y es muy recomendable planificar antes de tomar nuevas medidas.

Una vez que hayas completado el acrónimo, deberás tener una idea relativamente buena de dónde te encuentras en relación a dónde te desviaste de tu ruta original. Si te sientes como si estuvieras completamente perdido, entonces la mejor opción, como se mencionó anteriormente, es quedarse quieto y trabajar en la preparación de señales que se discutirán más adelante en este capítulo. Sin embargo, si no estás completamente perdido y sólo un poco fuera de la pista, entonces puedes intentar encontrar el camino de regreso si lo haces de forma segura.

Sobre todo, en esta situación, tu objetivo número uno debe ser asegurarte de que no te pierdas más de lo que ya estás. Esto significa que lo primero que tienes que hacer es crear un punto de partida, puede ser una formación rocosa cercana, pintura en aerosol, una pieza de ropa colgada de una rama o lo que sea que recuerdes como punto de partida. Después de eso, debes dejar un rastro a medida que avanzas. Un sendero puede estar formado por trozos de tela colgados de árboles, ramas dobladas o incluso arrastrando un palo por el suelo si el lugar lo permite. Si te das cuenta de que tu primer intento ha fracasado, entonces simplemente sigue tu rastro de vuelta a tu punto de partida y muévete en una dirección diferente. Antes de partir en una dirección dada es importante tener una idea clara en mente de lo que estás dejando atrás; sólo teniendo una idea específica cuando se trata de éxito o fracaso, se puede terminar ayudando a la causa en lugar de dañarla.

Señales de rescate

Cuando te pierdas y te quedes en un solo sitio, va a querer considerar cómo satisfacer todas sus necesidades básicas de supervivencia, incluyendo la creación de un refugio temporal, ya que no se sabe cuánto tiempo vas a tener que valerte por ti mismo hasta que llegue la ayuda. Lo primero es lo primero, sin embargo, vas a querer crear una señal que muestre a cualquier otro ser humano en el área que algo está mal.

Señales visuales: Asumiendo que tengas las herramientas necesarias, no hay nada mejor que una señal de fuego para indicar que hay seres humanos presentes. La señal de fuego ideal es aquella que puede producir un humo negro espeso que hace que sea muy fácil de detectar incluso a distancia. Para crear una señal de fuego, es necesario comenzar con una fogata regular grande, pero es importante no entusiasmarse demasiado y crear un fuego que no se pueda controlar. Esta fogata debe estar a plena vista, en un lugar elevado si es posible, para que los rescatistas puedan ver la luz y el humo desde la mayor distancia posible.

Una vez que se inicie el fuego, se debe añadir algo que haga que el humo se vuelva tan espeso y negro como sea posible. Las mejores opciones para esto van a ser el aceite de motor, el líquido de frenos o el plástico. Si no se dispone de ninguno de ellos, también se puede cubrir el fuego con ramas de árboles recién cortadas con las hojas todavía frescas, cuanto más verde mejor. Si alguna vez tienes que dejar la señal de fuego mientras está ardiendo, aunque sea por un rato, es importante dejar una nota o alguna indicación de que aún está en el área para evitar que pierdas accidentalmente a tus rescatadores.

Aunque no es tan útil como una señal de fuego, un espejo es una forma compacta y útil de llamar la atención de alguien en la distancia, suponiendo que haya suficiente luz para generar un reflejo. Un pequeño espejo no ocupa prácticamente nada de tu equipaje, lo que lo hace imprescindible cuando te aventuras en el desierto. Si no tienes un espejo disponible, también puede usar papel de aluminio, latas de aluminio y otros objetos brillantes que reflejen la luz. Por la noche, una linterna o un puntero láser también pueden ser efectivos.

Señales de audio: Los gritos no serán muy eficaces si la ayuda no está a una corta distancia, por lo que incluir un silbato de emergencia en el equipo de camping puede ahorrar la tensión en tu voz y también atraer la atención de alguien más lejos. Los disparos también son muy efectivos para llamar la atención de los demás. Con todas estas señales, hay una regla de tres que se debe seguir para obtener los mejores resultados. Esto significa que vas a querer crear ruido en ráfagas de tres que están separadas por cinco segundos. Esto indicará a otros en el área que estás en peligro y también les dará el tiempo que necesitan para crear un ruido de respuesta que no sea ahogado por tu propio ruido.

Capítulo 3: Creando un Campo Base

Establecer un campamento base es casi obligatorio en la mayoría de las situaciones de supervivencia, ya que permite un fácil acceso a todo el equipo disponible y también proporciona protección contra los elementos si es necesario.

Fundamentos

Elegir una ubicación: A la hora de montar un camping es necesario tenerlo en un lugar seguro, alejado de los depredadores y no en el camino de los arroyos que se puedan formar en caso de lluvia, lo que significa estar atento a las señales de que se puede estar en el lecho de un río, incluso en barbecho. Si estás esperando un rescate aéreo, entonces es posible que desees establecer en algún lugar al aire libre para que pueda ser visto fácilmente. Sin embargo, si lo haces, deberás tener mucho cuidado con las tormentas eléctricas y, a la primera señal de ellas, derribar tu tienda de campaña y trasladarse a un lugar donde no sea el punto más alto de la zona. Lo ideal es que elijas un lugar que tenga líneas de visión claras en tantas direcciones como sea posible.

Armando un campamento: Si te encuentras en la naturaleza sin una tienda de campaña, al menos vas a querer encontrar una manera de levantarte del suelo tanto como sea posible por la noche. Esto no sólo aumentará dramáticamente la cantidad de calor que serás capaz de retener (el suelo se volverá extremadamente frío en la mayoría de los lugares), sino que también te ayudará a protegerte de todo tipo de criaturas que se arrastran, que muerden y que pueden ser portadoras de enfermedades. Si tienes comida contigo, es importante guardarla siempre lejos del resto del campamento y fuera del alcance de los animales; como nunca sabes cuánto tiempo tendrás que guardar la comida que tienes, es mejor evitar compartirla si es posible. Recuerda, muchos animales son naturalmente cautelosos con los olores desconocidos, lo que significa que si orinas alrededor del perímetro de tu campamento, tendrá menos visitas no deseadas. Finalmente, cuando se trata de cuidar las funciones corporales, es importante elegir un lugar para defecar que esté al menos a 15 metros a sotavento del campamento y siempre enterrar los desechos para evitar atraer a los animales.

Además, hay varios tipos diferentes de refugios que puedes construir dependiendo de los materiales que tengas la suerte de tener a tu alrededor. En primer lugar, si tienes una lona u otro material grande y pesado, entonces puedes fácilmente hacer un tendido perfectamente útil con sólo un pedazo de cuerda y unas cuantas piedras. Si no tienes una cuerda, una rama gruesa también funcionará. Todo lo que tienes que hacer es encontrar un par de árboles que estén a la distancia adecuada, colocar la cuerda o rama entre ellos y luego colocar la lona sobre la rama. Unas pocas rocas para asegurar el borde inferior te dejarán con un refugio transitable que te protegerá del sol y la lluvia y también te proporcionará un poco más de aislamiento contra el frío.

Cuando se trata de colocar la cuerda o rama en los árboles, es importante colocarla relativamente cerca del suelo para que puedas hacer algo más que dormir en el espacio. Cuanto menos espacio ocupe la tienda, más fácil será calentar sólo con el calor del cuerpo. Si estás usando este método para protegerte de la nieve, es importante que trates de crear un techo más inclinado para que la nieve ruede más fácilmente.

Si no tienes la suerte de tener una lona o un equivalente contigo, entonces vas a querer construir un simple cobertizo para protegerte de los elementos. Para empezar, vas a querer buscar algo lo suficientemente largo y grande, como una roca o un árbol caído, contra el que luego vas a apoyar otras cosas de forma horizontal. Con una base para construir a partir de lo establecido, lo siguiente que deberás hacer es encontrar ramas grandes para apoyarlas en la base y crear un soporte para las cosas más pequeñas que eventualmente utilizarás para el aislamiento. Al igual que con la tienda de campaña, cuanto más bajo puedas mantener el cobertizo en el suelo, mejor. Finalmente, deberás aislar el cobertizo con hojas caídas, pastos, musgo, cualquier cosa con la que puedas llenar el espacio entre las ramas, mientras más sean, mejor. Cualquier cosa que se añada en esta etapa mejorará el nivel de aislamiento que el cobertizo te proporcionaría.

Dependiendo de las condiciones en las que te encuentres, es posible que también desees colocar la fosa de la fogata debajo del cobertizo para obtener calor adicional. Sin embargo, esto sólo se recomienda en áreas que son un poco húmedas, ya que, de lo contrario, es muy probable que el cobertizo sea un peligro de incendio. Si estás planeando poner la fogata en el cobertizo es importante construir el espacio con esto en mente y no decidir agregarlo después de terminado. El fuego debe colocarse cerca de la abertura del cobertizo para proporcionarle la cantidad adecuada de ventilación para evitar que inhales constantemente el humo.

Creando un fuego: La capacidad de iniciar un fuego es una de las habilidades más valiosas que puedes poseer en cualquier situación de supervivencia. La manera más fácil de asegurarte de siempre estar preparado para iniciar un fuego es asegurarse de tener un pedernal y acero, así como unas cuantas bolas de algodón que hayan sido empapadas en vaselina. El truco de las bolas de algodón es extremadamente útil porque son muy ligeras y no hay excusa para no llevarlas contigo y se podrá iniciar un fuego en condiciones de viento e incluso en medio de una tormenta.

Para encender las bolas de algodón, necesitas golpear el pedernal con un movimiento hacia abajo sobre el pedernal con el acero, este golpe resultará en chispas que idealmente deberían entrar en contacto con el material inflamable. Deberás tener leña adicional en forma de pasto seco, o idealmente un nido de pájaro para que una vez que las bolas de algodón se enciendan puedas mantener el fuego en marcha. Una vez que el material inflamable se encienda y comiences a ver las brasas y un poco de humo es cuando necesitas protegerlo del viento usando tu cuerpo y manos y soplar sobre él suavemente para comenzar el fuego. A medida que el fuego se hace más grande, necesitarás agregar leña y otras cosas que usarás para mantener el fuego encendido. Llevar un cuchillo de fibra de carbono que tiene un pedernal en la funda te permitirá no sólo iniciar fuegos sino también estar preparado para una amplia variedad de emergencias adicionales.

Creando un espacio para cocinar: Un sistema de cocción se puede utilizar para muchos propósitos, como hervir agua y cocinar alimentos, así como para mantener el fuego contenido y productivo. Para hacer un sistema de cocción es necesario comenzar con una fogata tradicional. A partir de ahí, deberás buscar tres ramas de árboles gruesos que no estén tan secas para que se prendan por el calor. Las ramas que tienen aproximadamente la mitad de tu altura tienden a funcionar más eficazmente.

Con las ramas ya elegidas, deberás cavar tres agujeros en forma triangular alrededor del fogón que sean lo suficientemente grandes como para sostener las ramas, y lo suficientemente pequeñas como para sostenerlas firmemente. Una vez que estén en su lugar, deberás inclinarlas hacia el centro de la hoguera y llenar el espacio sobrante con barro para que soporte el peso de la rama. Lo ideal es que las tres ramas se superpongan una con otra en la parte superior, dejando espacio suficiente para la olla u otro aparato de cocina que se vayas a utilizar. Una vez que tengas todo esto listo, puedes colgar una olla encima de estas ramas y cocinar o hervir lo que necesites.

Debes evitar el uso de plástico como base para cocinar porque se derretirá y hará que se forme humo negro que no es saludable para inhalar e ingerir. Si no tienes una olla disponible, entonces una lámina de papel de aluminio (que es muy recomendable que la lleves siempre contigo) puede convertirse en una olla, la cual es conocida por ayudar en un apuro.

Capítulo 4: Cómo encontrar alimentos y agua

Comida

Conceptos básicos: Cualquier cosa con piel y plumas es segura de comer siempre y cuando esté bien cocida. La única excepción a esto son los carroñeros, ya que son propensos a portar una gran cantidad de enfermedades que les causan más problemas de lo que valen. Para asegurarse de que la carne esté bien cocida, se debe cortar la carne cruda y tomar nota de su color antes de cocinarla. La carne que es segura para cocinar debe ser blanca, rosada o roja. Sabrás que se ha terminado de cocinar cuando ya no veas ese color en ninguna parte por dentro.

La cocción de la carne la hará mucho más segura de lo normal, aunque esto todavía no es una garantía completa dependiendo del estado del animal antes de su consumo. Es importante tomar el tiempo necesario para observar al animal que estás planeando matar en su estado natural cuando sea posible para asegurarse de que esté exhibiendo un comportamiento normal. Los animales que experimentan un comportamiento aberrante deben ser evitados ya que esto puede ser un signo de enfermedad grave. Mientras que puedes consumir de manera realista casi la totalidad de cualquier animal que mates, si no se practica en el acto encontrarás que es más fácil atenerse a los cortes primarios de carne. Además, sólo querrás almacenar la carne cocida durante 24-28 horas para asegurarse de que siga siendo una opción saludable.

Comida de mar: Si te encuentras cerca de un lago o del océano, entonces tienes garantizada prácticamente una fuente confiable de proteínas si abordas la tarea inteligentemente. Recuerda, es muy peligroso comer peces que viven en aguas contaminadas, así que si hay alguna duda es mejor prevenir que lamentar. Además, es importante cocinar siempre el pescado antes de comerlo para matar cualquier bacteria o parásito que pueda habitar. De hecho, es ilegal en los Estados Unidos servir pescado crudo que no haya sido previamente congelado. Si dependes de peces de agua salada, evita comer peces que viven en los arrecifes y cerca de la orilla, ya que la mayoría de ellos contienen ciguatera, que es peligrosa para los seres humanos. Incluso los peces más grandes que se alimentan de peces de arrecife contienen ciguatera, una forma de intoxicación alimentaria.

Si estás mar adentro, entonces la mayoría de los peces que se pescan allí son seguros para comer crudos. Sin embargo, evita el bacalao, el aceite de pescado, el pargo rojo, el pez gato, el pez puercoespín, el pez ballesta, el pez globo y el pez espino porque estas especies tienden a tener carne venenosa. Los crustáceos como los camarones y los cangrejos de río son seguros de comer siempre y cuando estén bien cocidos. Los moluscos como el pulpo y los mariscos también son seguros. Ten en cuenta que los mejillones en las zonas tropicales durante el verano podrían ser peligrosos de consumir, así como cualquier marisco que permanezca fuera del agua durante una marea alta.

Mirando fuera del espectro normal: Si no se dispone de suministros de carne más tradicionales en la zona en la que te encuentras, no significa que debas dejar de consumir la proteína, especialmente en una situación difícil. Esto significa que es posible que tengas que recurrir a comer insectos y otros animales pequeños que no consideres fuentes tradicionales de alimento. Muchos insectos pueden ser peligrosos, por lo que debes evitar comer arañas, orugas, insectos de colores brillantes, moscas, mosquitos, garrapatas e insectos grandes que piquen y muerdan. Los gusanos son seguros para comer, simplemente colócalos en un recipiente con agua limpia y se lavarán solos. Recuerda, los insectos que tienen caparazones duros en el exterior deben ser cocinados primero antes de consumirlos, otros pueden ser consumidos crudos.

Los anfibios como las ranas y las salamandras también son opciones seguras, sin embargo, es importante que no confundas sapos con ranas ya que los sapos son venenosos. Puedes distinguir una rana de un sapo porque van a tener un color más brillante y muchas variedades venenosas tienen un patrón que se parece a una X en su espalda. Además, podrás distinguir a una rana por sus largas y relativamente delgadas patas y cuerpo, mientras que las patas de un sapo van a ser mucho más cortas y robustas. Además, siempre podrás identificar una rana si la ves saltar de un lugar a otro, ya que los sapos prefieren arrastrarse. Si has atrapado un anfibio y no estás seguro de cuál es, puedes mirar a las patas, si son palmeados entonces lo que has atrapado es probablemente seguro para comer. Se pueden encontrar ranas y anfibios cerca de estanques y cuerpos de agua.

Si estás en la naturaleza, las plantas pueden ser una buena fuente de alimento si no tienes otras opciones. Sin embargo, al igual que los anfibios, muchas plantas son extremadamente tóxicas para los seres humanos, lo que significa que en caso de duda vas a querer evitar las plantas de las que no estás seguro. Si absolutamente debes probar bayas desconocidas, entonces hay un proceso de tres pasos que puedes seguir para hacerlo de manera relativamente segura. Este proceso no es de ninguna manera seguro en un sentido convencional y sólo debe intentarse cuando literalmente no tienes otras opciones. Además, querrás elegir una planta que puedas encontrar fácilmente una gran cantidad de ella, ya que no vale la pena probar una planta que ni siquiera te llenará.

Una vez que encuentres una planta que te interese saber si es comestible, el primer paso es frotarla en la piel. Si no pasa nada, entonces querrás esperar por lo menos cinco minutos y aplastar la planta hasta que empiece a producir un líquido, y luego frotarlo sobre tu piel otra vez. Si esto tampoco produce resultados negativos, lo siguiente que debes hacer es presionarla en los labios, esperar, llevarla a la boca, esperar y finalmente masticar la planta pero asegurarse de no tragársela. Si todavía no sientes que algo anda mal, entonces puede tragar sólo una pequeña cantidad de la planta y luego dejarla digerir completamente durante unas 12 horas. Después de eso, trata de comer una cantidad mayor y espera de nuevo antes de considerar tentativamente que el experimento fue un éxito.

Al probar este método, es muy importante si en cualquier momento de la prueba sientes una sensación de ardor, o te siente mal después de tragar, debes interrumpir inmediatamente la prueba e inducir el vómito en lo posible. Antes de intentar esta prueba, debes permitir que tu cuerpo pase ocho horas sin comer para asegurar los resultados más precisos. Si es posible, también debes intentar cocinar las plantas de antemano, ya que algunas plantas, pero no todas, pierden su toxicidad cuando se cocinan.

Las bayas pueden ser muy venenosas o no causar ningún daño. A menos que seas un experto, debes limitarte a comer moras y frambuesas. Hay demasiadas bayas venenosas para entrar en detalles, así que nunca comas una baya de la que no estés seguro. Si te encuentras en una situación urgente en la que te mueres de hambre y las bayas son lo único disponible, debes abstenerte de comerlas. Los hongos, al igual que las bayas, pueden ser muy venenosos o completamente benignos. Por lo tanto, si tienes alguna pregunta sobre los hongos que estás considerando consumir, es mucho mejor tomar precauciones que sufrir los efectos del envenenamiento o incluso la muerte. Cuando busques hongos, mira en la parte inferior del sombrero, también llamado falda, y observa si es blanco o si está produciendo un líquido al tocarlo. Si el fondo es blanco o lactante, entonces debes evitar el hongo a toda costa. Los hongos rojos también son muy peligrosos y nunca deben consumirse.

Si decides comer un hongo, a menos que estés completamente seguro de que es seguro, cocínalo primero y luego sigue el proceso de tres pasos para probar plantas potencialmente venenosas. Incluso una pequeña cantidad de un hongo venenoso puede ser muy dañino para tu cuerpo si se ingiere, así que ten extremo cuidado al realizar la prueba.

Agua

Lo más importante para sobrevivir durante un largo periodo de tiempo en la naturaleza es el agua. No importa adónde vayas, si existe la posibilidad de que te quedes más tiempo del previsto, hazte un favor y lleva tanta agua como puedas. Sin embargo, incluso con estas precauciones, si te encuentras en una situación de emergencia, es probable que no sea suficiente, que es donde entran en juego los consejos que se describen en el resto de este capítulo.

El agua sigue el camino de menor resistencia en una pendiente descendente, lo que significa que si estás buscando agua vas a querer buscar el punto más bajo que puedas. Si te encuentras en un estanque que se ha secado, al cavar en el suelo puedes encontrar agua escondida debajo de la superficie. Si puedes encontrar barro, entonces sabrás que el agua está cerca. Sin embargo, una vez que encuentres agua, es importante que nunca bebas directamente de ella a menos que literalmente no tengas otra opción, e incluso así, sólo si el agua está fluyendo. En todos los escenarios, vas a estar mejor purificando el agua si eso es incluso una posibilidad remota.

Purificación de aguas: La forma más sencilla de purificar el agua es crear un filtro básico. Esto se puede hacer tomando un trozo de tela húmeda y cubriéndolo con una capa de carbón vegetal, una capa de grava limpia y una capa de hierba fresca. Con este sistema, obtienes cuatro capas de filtrado que limpiarán el agua que ya era algo saludable. La hierba quitará las cosas grandes en el agua mientras que la grava, el carbón vegetal y la tela quitan las cosas mucho más pequeñas. Debes simplemente sostener este filtro sobre un recipiente en el que deseas almacenar el agua filtrada y luego vierte el agua lentamente a través del filtro.

Siempre que sea posible, se debe tomar el agua filtrada de esta manera y hervirla durante un mínimo de 60 segundos. Si las bacterias en el agua se matan después de un minuto de agua hirviendo, entonces el calor adicional no va a afectarla. Después de hervir el agua, lo siguiente que idealmente querrás hacer es purificarla químicamente también. Si tienes, una cantidad muy pequeña de cloro o yodo es ideal para esto y todo lo que necesitarás agregar son unas cuatro gotas de estos productos químicos por cada litro de agua fría o turbia, y si tienes agua tibia o clara, sólo necesitarás dos gotas. Agita el agua y déjala reposar durante media hora. Si deseas ser extra seguro, puedes poner el agua en una botella de agua de plástico transparente y dejarla reposar al sol durante unas horas, ya que esto hará que se vaporice y luego se condense de nuevo, dejando el agua restante lo más pura posible.

Si te está preparando para una excursión al desierto, entonces un esterilizador puede ser una inversión útil. El esterilizador emite una luz ultravioleta que mata las bacterias cuando se introducen en el agua, haciendo que prácticamente cualquier agua sea potable sin problemas. Puede parecerte abrumador, pero es importante que tomes todas las medidas que puedas para asegurarte de que el agua esté lo más limpia posible antes de beber, ya que un síntoma común en la mayoría de las enfermedades transmitidas por el agua es la diarrea. La diarrea es una manera segura de deshidratarse rápidamente, y si tratas de compensar tu estado de deshidratación bebiendo aún más agua contaminada, entonces podrías estar dirigiéndote hacia una situación que pone en peligro tu vida.

Las tres principales enfermedades transmitidas por el agua que hay que tener en cuenta son la giardia, el criptosporidium y el E. coli. La Giardia y el cryptosporidium son parásitos, a diferencia de la E. coli, que es una bacteria. Los síntomas de estas condiciones son calambres abdominales, heces acuosas, hinchazón, falta de apetito, fiebre y vómitos. Estas condiciones también son difíciles de detectar a tiempo porque no se comienzan a presentar los síntomas hasta unos pocos días después de ingerir agua contaminada.

Además de buscar estanques, lagos, ríos y arroyos, existen otros métodos para obtener agua, aunque también son más lentos y complicados. Golpetear árboles es una buena manera de prepararse para beber agua, aunque debe consumirse con moderación, ya que contiene azúcar que dificulta que el cuerpo realice otras funciones importantes de manera óptima. Para obtener agua de un árbol hay que coger un cuchillo y cavar un pequeño agujero. Debes tratar de hacer el agujero lo más pequeño posible y aun así poder sacar el agua porque al hacer este método estás causando daño permanente al árbol. Una vez que cortes un agujero en el árbol, debe notar que está perdiendo agua. Si es así, entonces sólo tienes que cavar un poco más y pasar al segundo paso.

Para este paso, necesitas conseguir un pedazo pequeño de madera y darle forma del tamaño de un lápiz. A continuación, se desea afilar ambos lados de esta madera en forma de lápiz con un cuchillo. Una vez hecho esto, utiliza una piedra, algo duro o fuerza bruta para atascar este pedazo de madera en el agujero en ángulo para que el agua pueda gotear. Si el agua está goteando, entonces sabrás que lo has hecho correctamente. A partir de este punto, puedes simplemente sostener la botella de agua allí o atarla al árbol. Este es un proceso largo y tomará horas antes de que se llene una cantimplora. Aunque este método sólo funciona en algunos árboles como el arce, el sicomoro y el abedul.

Las plantas de helecho también son buenas fuentes de agua. Encuentra una planta de helecho y excava alrededor de sus raíces, eventualmente encontrarás lo que parece ser una pequeña papa que crece en las raíces. Ésta debe ser del tamaño de una bola de chicle y debe contener una cantidad decente de agua para su tamaño.

Los alambiques solares son también una buena manera de obtener agua con muy pocos recursos y mucho tiempo. Todo lo que necesitas para esto es el sol, un recipiente para almacenar agua, una bolsa de plástico y algunas hojas frescas. Comienza cavando un hoyo en el suelo, tiene que ser lo suficientemente profundo y ancho como para que quepan dos pelotas de baloncesto. A continuación, tendrás que encontrar algunas hojas frescas y aplastarlas ligeramente antes de colocarlas en el fondo del hoyo. Ten cuidado de usar sólo hojas de una planta que ya hayas confirmado que no sea venenosa. Luego, coloca tu contenedor encima de esas hojas, este contenedor debe ser pequeño para que sólo cubra la mitad del espacio total.

A continuación, deberás cubrir el agujero con plástico, sujetado en su lugar con una serie de rocas pesadas. Con el plástico asegurado, entonces querrás colocar otra roca en el centro que sea lo suficientemente pesada como para empujar el plástico hacia el contenedor. La forma en que esto funciona es que el sol hará que la humedad en las hojas se eleve, y como hay una bolsa de plástico sobre las hojas, quedará atrapada en la bolsa de plástico; si la bolsa de plástico está en el ángulo correcto, dejará que el agua se deslice dentro del contenedor para que puedas tener agua potable fresca.

Otra manera de hacer lo mismo es buscar un arbusto o una rama de árbol llena de hojas y pegar la mayor cantidad posible de esa rama en la bolsa de plástico y hacer un nudo al principio de la bolsa. Asegúrate de que este alambique solar esté en contacto directo con el sol y que las hojas de la planta que estás utilizando no sean tóxicas.

El último método que puedes usar para obtener agua es cortar las mangas de una camisa y atarlas a los tobillos. Una vez hecho esto, simplemente camina sobre un campo de césped y la tela de las mangas de la camisa debe recoger agua. Después de que recojas suficiente agua, puedes quitar las mangas de tu tobillo y succionar la humedad de ellas. Aunque esto no será suficiente para mantenerte completamente hidratado, será suficiente para mantenerte en marcha mientras trabajas en una solución más permanente.

Capítulo 5: Lidiando con los Elementos

El cuerpo humano sólo puede soportar una temperatura corporal interna prolongada de cerca de 37 grados Celsius o 98.6 Fahrenheit. Incluso si la temperatura interna del cuerpo baja sólo unos pocos grados, comenzará a volverse hipotérmico y cuando se eleva unos pocos grados se vuelve hipertérmico.

La hipotermia es el resultado de la baja temperatura interna del cuerpo. A medida que la hipotermia empeora, el corazón, el sistema nervioso y otras funciones corporales dejarán de funcionar correctamente. La hipotermia puede llevar a la muerte si no se trata. Los síntomas incluyen escalofríos, falta de coordinación, respiración más rápida y un ritmo cardíaco más rápido. A medida que la hipotermia empeora, experimentarás escalofríos extremos, pérdida progresiva del conocimiento, respiración lenta y superficial y pulso débil.

Si temes estar en las primeras etapas de la hipotermia, lo primero que debes hacer es quitarte la ropa mojada y hacer todo lo posible para entrar en calor. Si no hay ropa seca y mantas disponibles, entonces por menos deberás seguir moviéndote para mantener la circulación.

La hipertermia es el resultado de que la temperatura interna del cuerpo se eleva demasiado por encima de lo normal. A medida que tu temperatura se eleva más, experimentarás olas de calor, seguidas de agotamiento por el calor, lo que resulta en sudoración intensa y un pulso rápido, y luego, finalmente, un golpe de calor, que es el más severo y peligroso. Si no se trata, causa daño al cerebro y a otros órganos importantes y puede llevar a la muerte. Para evitar que se produzca la hipertermia, debes limitar la exposición de tu cuerpo a las altas temperaturas tanto como sea posible. También es importante mantenerse bien hidratado. Para evitar el sobrecalentamiento durante la exposición, es importante limitar la actividad física a los períodos de la mañana temprano o al final de la tarde y cubrir siempre la mayor parte de la piel posible cuando está expuesta a la luz solar directa. Tranquilízate y toma las cosas con calma y estarás bien.

Formas de regular la temperatura corporal: Es imposible controlar el clima, pero es posible controlar tu respuesta hacia él. Si planeas ir al frío, entonces siempre usa una capa gruesa de ropa. Si es posible, trata que la capa más externa sea impermeable porque si la ropa está mojada, te enfriarás más rápido. Siempre ten una fuente de leña a tu alrededor para que puedas encender un fuego en el momento en que lo necesites.

Si planeas ir un ambiente caluroso, entonces siempre usa suficiente ropa para que la mayor parte de tu piel esté protegida del sol, pero ten cuidado de usar telas livianas para no sobrecalentarse. Si estás varado y esperando ayuda, entonces intenta lo más posible encontrar sombra y no moverte. Al moverse, el cuerpo está quemando calorías, lo que también aumenta el calor corporal.

Tormenta de lluvia: Una tormenta de lluvia no es una gran amenaza en comparación con otras tormentas, pero plantea algunos problemas únicos. En primer lugar, es importante que conozcas el terreno para asegurarte de que no corres el riesgo de sufrir una inundación repentina en caso de que la tormenta continúe a buen ritmo. Una tormenta de lluvia también te prepara para la hipotermia si no te das cuenta.

Si estás acampando, lo mejor que puedes hacer es ponerte a cubierto bajo un árbol o en la tienda de campaña. Si hay agujeros en la tienda de campaña, puedes parchearla fácilmente con cinta adhesiva multiusos. Si estás de excursión, la opción más segura es cancelar la excursión o esperar hasta que termine la tormenta. Aunque todo depende de la caminata, si es por un sendero, entonces eso no es un gran problema. Sin embargo, si hay escalada en roca, entonces las rocas podrían estar resbaladizas incluso horas después de que deje de llover.

Si te encuentras en una tormenta eléctrica, entonces el mejor lugar para estar es entre un grupo grande de árboles, o en un vehículo si vas a ser el objeto más alto en otro lugar. Aunque esto pueda parecer contra intuitivo, las llantas de goma del vehículo lo conectarán a tierra, haciendo que los rayos sean irrelevantes. En caso de una inundación repentina se debe seguir las mismas reglas que las tormentas eléctricas, pero al mismo tiempo necesitas evitar estar en terrenos bajos, especialmente alrededor de arroyos y valles. No se necesita mucha agua para arrastrarte a ti o a tu equipo, así que evita cruzar cualquier arroyo con corrientes fuertes tanto como sea posible, sin embargo, si debes hacerlo, asegúrate de que el arroyo no vaya más alto que tus rodillas.

Si estás manejando durante una inundación repentina, entonces nunca manejes hacia un cuerpo de agua a menos que sepas cuán profundo es. Si conduces en aguas demasiado profundas, corres el riesgo de hacer flotar el coche. Una vez que eso sucede, pierdes el control sobre tu vehículo, y si ese cuerpo de agua se desprende de un acantilado, entonces ahí es a donde se dirige el vehículo.

Si hay granizo, entonces el tamaño del granizo determinará lo que hay que hacer. En algunos casos, el granizo puede llegar a ser tan grande como las pelotas de golf y viajar a velocidades de más de 160 kilómetros por hora. Eso equivale a que un jugador de béisbol te lance una pelota de golf a la cabeza. Pero las posibilidades de que eso ocurra son raras, así que si ocurre una tormenta de granizo, recoge un pedazo de granizo del suelo y determina si debes ignorarlo o encontrar un refugio.

Arena: Si estas atrapado en una tormenta de arena, entonces lo mejor que puedes hacer es buscar refugio inmediatamente. Si tienes una tienda de campaña que es lo suficientemente fuerte, entonces eso debería estar bien. Sin embargo, si no estás cerca de un refugio, entonces debes cubrir todas las aberturas que se encuentran en la cabeza (boca, orejas y nariz hasta cierto punto), así como tus ojos. Si tienes gafas y una máscara que filtra las partículas pequeñas, entonces eso debería funcionar. Sin embargo, no es prudente continuar el camino si estás en medio una tormenta de arena porque podrías perderte de tu sendero original y habría cosas volando dentro de la tormenta de arena que podría lesionarte. Esperar hasta que pase una tormenta de arena es la opción más inteligente.

Las arenas movedizas tienen una consistencia similar a la del cemento húmedo y cuando se pisa es extremadamente difícil salir de ellas. Cuanto más luchas, más profundo te arrastra. La mayoría de las veces, sin embargo, la gente no muere por asfixia, sino por el calor extremo del sol que brilla sobre ellos durante horas y horas. Para salir de las arenas movedizas o para ayudar a alguien a salir de ellas, nunca debes ofrecerles tu mano porque existe la posibilidad de que puedan tirar de ti o dislocarte un hombro. Si está disponible, usa un palo o, si estás solo, intenta alcanzar cualquier cosa que puedas agarrar y con la que puedas salir por ti mismo. Dirígete a los bordes de las arenas movedizas y trata de sacar un pie de ella y una vez que hayas terminado intenta arrastrarte por la arena dura hasta que te liberes.

Una vez fuera, sin embargo, no debes caminar porque todavía habrá mucha arena, rocas y otros escombros dentro de tu ropa y si lo intentas, rápidamente tendrás sarpullidos o ampollas extremas por todos los roces y la fricción. Cuando salgas, quítate la ropa y los zapatos y sacúdete y elimina toda la arena del interior de tus ropas y zapatos para evitar que te salgan ampollas. Después de eliminar tantas partículas como sea posible, vuelve a ponerte rápidamente la ropa para protegerte del sol.

Agua: Aprender a nadar debe ser obligatorio si planeas acercarte al agua, pero algunas personas no creen que se ahogarán. Si te encuentras con alguien que se está ahogando, a menos que seas un salvavidas entrenado, no debes intentar nadar hacia ellos porque en un momento de pánico la víctima podría tratar de usarte para flotar y terminar ahogándote en su lugar. Siempre busca una cuerda o un palo para arrastrarlos hasta la orilla, ya que esto es mucho más efectivo. Sólo si la persona está inconsciente debes ir al agua para salvarla porque ya no representa una amenaza de ahogamiento. Lo que quieres hacer es nadar hacia ellos y arrastrarlos más y más cerca de la orilla. Cuando los llevas a la orilla y no responden, entonces quieres realizar inmediatamente la reanimación cardiopulmonar.

Capítulo 6: Sobreviviendo a un Desastre Natural

Los desastres naturales pueden poner en peligro la vida tanto durante el evento como varios días después. Aparte de prepararse para ellos de antemano, hay cosas que debes hacer en medio de la crisis y después para asegurar la supervivencia tuya y de los demás a tu alrededor.

Terremotos: Los terremotos se producen cuando se rompen las fallas subterráneas y la acumulación de presión se libera en forma de ondas sísmicas que hacen temblar el suelo. Los edificios y las casas son lugares muy peligrosos donde estar durante un terremoto. A la primera señal de un terremoto, el lugar más seguro para estar es al aire libre, sin estructuras a tu alrededor; esto se debe a que durante un terremoto el edificio o la casa podría derrumbarse mientras aún estás dentro de ella y puede causar lesiones graves o la muerte.

Si te encuentras atrapado en un edificio o casa mientras ocurre un terremoto y la salida está bloqueada o demasiado lejos, entonces el primer paso que debes tomar es esconderte bajo algo resistente. La mejor opción es buscar el baño, el marco de la puerta o cualquier otra cosa que pueda ofrecer protección en caso de que se dañen los cimientos del edificio.

Una vez que el terremoto haya cesado, sigue siendo peligroso estar en el edificio o en la casa, porque puede haber aflojado los cimientos y todo podría colapsar en cualquier momento. La primera cosa que necesitas hacer es ayudar a evacuar a todos fuera del edificio o de la casa tan rápido como sea posible y dejar atrás cosas sin importancia porque siempre puedes regresar por ellas más tarde. Después de que todos estén a salvo afuera, necesitas esperar allí un par de horas porque podría ocurrir otro terremoto y es probable que la segunda ronda de daños sea mucho más intensa que la primera.

Huracanes: Los huracanes son causados cuando el aire caliente y húmedo desplaza el aire frío por encima de la atmósfera. Los huracanes son extremadamente peligrosos y afortunadamente hoy en día tenemos la tecnología para rastrearlos y averiguar dónde es probable que ocurran. Al mantenerse al día con las noticias y prestar atención a las advertencias en el clima, puedes ser capaz de prepararte para uno con la suficiente antelación como para protegerte a ti, a tu familia y tus pertenencias. Los edificios y sótanos fuertes son lugares excelentes para esconderse mientras pasa un huracán, ya que ofrecen mucha protección.

Las casas y edificios débiles deben ser evacuados semanas o días antes de la llegada del huracán, porque los huracanes pueden tener velocidades de viento de más de 160 kilómetros por hora, lo que puede fácilmente arrancar un techo de una casa vieja. Si no estás preparado y llega un huracán, nunca salgas al exterior a menos que te estés moviendo a un lugar más seguro. Pararse afuera es muy peligroso porque durante un huracán, los escombros vuelan por todas partes y puedes ser golpeado fácilmente con algo que puede causar lesiones graves. Incluso si no crees que tu casa resistirá a un huracán, es mejor estar dentro de ella que fuera, sin embargo, mientras que dentro de ella necesita encontrar un lugar que creas que ofrezca la mayor protección. Encuentra cualquier cosa fuerte y robusta con la que puedas cubrirte por debajo, y que pueda soportar partes del techo caigan encima de ella. También debe ser muy pesado o sujeto al piso para que el huracán no lo levante.

Durante un huracán, muchas tiendas, hoteles, complejos de apartamentos, escuelas y otros edificios permitirán que la gente se refugie hasta que el huracán pase. Estos lugares ofrecen comida y agua gratis y también transmitirán las noticias para que sepan cuándo es seguro regresar a sus hogares.

Inundaciones y tsunamis: El resultado de múltiples y poderosas olas que chocan contra la orilla de una playa, los tsunamis destruirán y arrastrarán casi todo a su paso. Dentro de un tsunami habrá muchos escombros muy dañinos que recoge de casas, árboles, automóviles y otras cosas que están en el suelo.

Las costas y las zonas aledañas a las playas son lugares extremadamente peligrosos para estar durante un tsunami, ya que son los más vulnerables a la destrucción. La mejor manera de garantizar la seguridad es llegar a un lugar más alto. Los edificios y las casas corren el riesgo de ser destruidas, sin embargo, algunas casas si son lo suficientemente fuertes se quedarán en su sitio, pero el interior de la casa se inundará. El peor de los casos sería si un tsunami está llegando y no tienes tiempo suficiente para moverte a un terreno más alto; si tal evento ocurre, entonces debes conseguir una escalera y hacer que todos suban al techo de la casa y se queden quietos.

Avalancha: Cuando la nieve en una montaña que estaba perfectamente equilibrada se altera, miles de toneladas de nieve compacta bajan rodando por la montaña. Una avalancha puede ser extremadamente aterradora porque normalmente la verás y la escucharás venir, pero no tendrás suficiente tiempo para huir de ella. Si alguna vez planeas salir a la nieve, siempre ve con tus amigos y siempre lleva un dispositivo de rastreo GPS contigo. Después de una avalancha, es probable que quedes atrapado bajo nieve compacta y no tengas mucho espacio para moverte o respirar, lo que puede llevar a la muerte por asfixia, ya que la nieve toma la consistencia de casi cemento.

Para maximizar tus posibilidades de supervivencia, quieres estar siempre atado a alguien más para que te encuentre o para que tú lo encuentres, y antes de que la avalancha golpee quieres hacer una bolsa de aire cubriéndote la cabeza. Luego, respira profundamente y prepárate para el impacto. Si es posible, trata de agarrarte a un árbol o a una roca cercana. Durante el paso de la avalancha, si eres arrastrado por la avalancha, trata de nadar lo mejor posible hacia arriba para permanecer lo más cerca posible de la cima de la nieve. Antes de ser enterrado, levanta una mano al aire para que puedas tener un sentido de la dirección donde está la superficie.

Las personas atrapadas en la nieve pueden estar desorientadas y no saber hacia dónde deben cavar, por lo que debes intentar escupir y ver hacia dónde la atrae la gravedad. Además, haz lo mejor que puedas para desenterrar un área de respiración en frente de tu cara, esto debería proporcionarte al menos 30 minutos para que los rescatistas vengan a buscarte. Si sabes que está enterrado profundamente, entonces haz lo mejor que puedas para conservar su respiración porque es casi imposible cavar a través de la nieve con tus propias manos. Si tienes una pala para nieve, entonces puedes intentarlo también. Ser paciente y esperar ayuda es lo único que puedes hacer en algunas situaciones.

Tornado: Los tornados casi nunca aparecen sin previo aviso y se clasifican de F-0 a F-5. El F-0 es sólo un tornado leve y el F-5 es el más destructivo. Los tornados pueden ser lo suficientemente poderosos como para levantar autos y destruir casas, por lo que siempre se deben tomar en serio y la preparación siempre debe hacerse antes de que se espere que llegue un tornado.

Siempre debes mantenerte alejado de la trayectoria de un tornado tanto como sea posible, y definitivamente tienes que tomar medidas inmediatas y conducir a un lugar más seguro con anticipación. Si estás en casa y es probable que un tornado se aproxime, entonces necesitas encontrar un lugar seguro en tu casa. Busca áreas en el centro de la casa y en habitaciones pequeñas. También, mantente alejado de las paredes exteriores de la casa y de las ventanas porque existe la posibilidad de que el tornado pueda arrojar escombros a través de ellas. Los sótanos también son lugares seguros para refugiarse en caso de un tornado porque toda la casa es un escudo para esa área.

Cuando estés afuera durante un tornado, trata de llegar lo más bajo posible al suelo y, si puedes, entra a una zanja y cúbrete allí. Si estás dentro de un vehículo, siempre sal de él porque un tornado puede volcarlo fácilmente o recogerlo y lanzarlo en otra dirección. Sin embargo, si estás lo suficientemente lejos del tornado, también debes intentar alejarte de su trayectoria; si estás en una carretera que te permite ir a más de 100 kilómetros por hora, lo más probable es que puedas correr más rápido que el tornado.

Capítulo 7: Técnicas de Primeros Auxilios

Cuando te encuentres frente a una emergencia que va a requerir primeros auxilios, lo primero que debes recordar es que lo más importante es mantener la calma en cualquier situación, no importa cuán grave sea. Permaneciendo calmado te estás impidiendo hacer cualquier tontería que empeore la situación. También tienes el tiempo para pensar en el mejor curso de acción que necesitas tomar. Si alguna vez te encuentras en una emergencia, simplemente comprende que el problema es tan grave como crees que es y que no eres el único que ha estado en esa situación.

Cortes y huesos rotos: Siempre deben limpiarse los cortes, mordeduras y arañazos de animales salvajes primero con agua limpia o, preferentemente, con un desinfectante; luego, se debe detener la hemorragia con lo que se tenga disponible en ese momento (las tiras de tela son ideales para este propósito). Cada pocas horas debes cambiar las vendas. Las fracturas y los huesos rotos pueden ser un poco más graves, ya que la víctima generalmente es incapaz de moverse por sí sola. Para tratar una fractura hasta que llegue la ayuda, es necesario trasladar a la persona lesionada a un lugar seguro y detener cualquier sangrado mediante la creación de un torniquete seguido de una férula.

Si estás tratando a una persona que está sangrando excesivamente, entonces lo ideal es usar gasa estéril para aplicar presión directamente sobre la herida. Sólo cuando esto no está disponible, se puede utilizar lo que se conoce como apósito casero, también conocido como gasa, ya que en realidad se puede empeorar la situación añadiendo elementos que pueden provocar una infección en la herida. Aun así, si estás en medio de la nada, una camisa que podría no ser la más limpia es ciertamente mejor que sangrar hasta morir. Si un suministro constante de presión no es suficiente para detener completamente el sangrado, lo siguiente que debes hacer es usar un torniquete.

Creando un torniquete: Aunque el uso de un torniquete es criticado por ambos lados, la verdad es que siempre y cuando el torniquete se aplique correctamente y no se deje puesto innecesariamente, entonces puede salvar fácilmente la vida de una persona con pocos o ningún efecto secundario negativo. Aunque las preocupaciones sobre el daño nervioso y la pérdida de extremidades no son infundadas, estudios recientes muestran que menos de la mitad del uno por ciento de todas las personas que reciben tratamiento para la pérdida de sangre mediante el uso de un torniquete requieren amputación de extremidades debido al torniquete y menos del dos por ciento de todas las personas experimentan algún tipo de daño nervioso. El daño causado por el uso prolongado del torniquete no comienza hasta después de dos horas, y se requieren más de ocho horas de uso continuo antes de que la amputación se convierta en una opción realista.

Mientras que es bueno tener un torniquete hecho profesionalmente, difícilmente es una adición práctica al equipaje, especialmente porque hay muchas otras cosas que pueden ser usadas para el mismo propósito en un santiamén. En caso de necesidad, un cinturón, una camisa de manga larga, cordones de zapatos, tubos para bicicletas, la correa de la mochila o incluso un sostén pueden usarse para el trabajo. Junto con un objeto que actúe como un torniquete improvisado, también vas a necesitar algo para mantenerlo apretado, oficialmente conocido como un dispositivo de torsión. Lo que estás buscando aquí es cualquier cosa que sea larga y delgada; si estás en el desierto entonces es probable que haya un montón de palos en el área que cumplirán la función.

Cuando se trata de aplicar un torniquete, es importante utilizarlo sólo en las extremidades y nunca en el cuello; esto puede parecer auto explicativo, pero la gente tiende a no pensar con claridad durante una crisis. Para empezar, vas a querer envolver el torniquete alrededor de la extremidad afectada aproximadamente a 5 centímetros del centro de donde ocurrió la herida, teniendo especial cuidado por evitar las articulaciones o arterias mayores. Cuando tengas dudas, acércate al centro en vez de alejarte.

Con el montaje terminado, entonces deberás atar el torniquete en el lugar usando un solo nudo atado por encima; entonces deberás fijar el dispositivo de torsión directamente encima del nudo antes de atarlo en el lugar con un nudo cuadrado o con otro nudo atado por encima de la mano. Con el dispositivo de torsión en su lugar, deberás rotarlo para que el torniquete se apriete contra la extremidad justo hasta el punto en que se detenga el sangrado, es importante no poner más restricciones en la extremidad de las necesarias, así que detente el momento en que la pérdida de sangre disminuya. Finalmente, deberás asegurarte de que el dispositivo de torsión vaya a permanecer en su lugar tomando los extremos del segundo nudo y atándolo a la extremidad y al torniquete respectivamente.

Creando una férula: Si encuentras que necesita crear una férula para tratar con un miembro lesionado, lo primero que tendrás que hacer es encontrar algo que sea lo suficientemente rígido para asegurar que el área fracturada permanezca estabilizada. Algo hecho de madera es el enfoque más común, aunque incluso un periódico enrollado funcionará. Cuando se trata de asegurar la férula a la zona afectada vas a querer consultar la lista de artículos que se pueden utilizar como torniquete, ya que todos ellos pueden jugar una doble función como sujetadores de férula también.

No te olvides de atender cualquier sangrado antes de tratar con cualquier parte que necesite una férula. De la misma manera, nunca muevas a un individuo lesionado sin aplicar una férula, ya que esto casi siempre causará que la lesión se vuelva más severa. Con eso en mente, vas a querer establecer la división de manera que llegue lo suficientemente lejos por encima del área afectada como para alinearla con la junta más cercana de cada lado. Por lo tanto, si necesitaras entablillar el antebrazo, querrías que la férula llegue desde la muñeca hasta el codo. Cuando se ate la férula, asegúrate de que esté lo suficientemente apretada para evitar movimientos indebidos y lo suficientemente suelta para evitar la pérdida del flujo sanguíneo. Por último, una vez que la férula se haya asegurado correctamente, es importante revisarla regularmente para asegurarse de que no está cortando el flujo sanguíneo, ya que el área podría estar entumecida y de lo contrario podría no notarse un cambio.

Si necesitas poner una de tus manos, o la de otra persona, en una tablilla, entonces lo primero que debes hacer es poner algo blando y ponerlo en la palma de la mano que se ha lesionado para darle un poco de estructura para el resto de la fractura. Una vez que los dedos de la mano estén cerrados alrededor del objeto, la siguiente cosa que vas a querer hacer es envolver la totalidad de la mano en un paño grande, dejando sólo las puntas de los dedos expuestos. Este paño debe moverse en una dirección horizontal a través de la mano, empezando por el pulgar y moviéndose hacia el meñique. Con esto hecho, entonces deberás asegurarte de que la mano esté bien atada usando ataduras adicionales, teniendo cuidado de no hacer las cosas tan apretadas que corten la circulación.

Quemaduras: Para tratar una quemadura, tienes que identificar la causa de la quemadura y actuar en consecuencia. Las quemaduras por frío deben calentarse colocando el área de la quemadura en agua caliente o soplando aire caliente sobre la quemadura. Las quemaduras por líquidos calientes deben ser enfriadas con agua fría durante 10-20 minutos y nunca con hielo. Si alguien se quema por electrocución, entonces debes separarlo de la corriente e inmediatamente verificar si hay pulso y aplicar RCP si es necesario.

Asfixia: La asfixia es un accidente fatal que puede ocurrir en cualquier momento mientras comes. Los primeros auxilios para la asfixia comienzan con cinco empujones en la espalda, que son básicamente usar la palma de la mano y golpear entre los omóplatos de la persona. Después de esto, debes realizar cinco empujes abdominales (también conocidos como la maniobra de Heimlich). Para hacer la maniobra de Heimlich es necesario pararse detrás de la persona y darle un abrazo de oso con las manos en el ombligo y tirar en un ángulo hacia arriba. Este proceso debe repetirse hasta que la persona pueda respirar con regularidad.

RCP: La Reanimación Cardiopulmonar debe realizarse inmediatamente si alguien tiene poco o ningún pulso y no responde. Esto podría ser el resultado de ahogamiento, electrocución, envenenamiento o desmayo. El primer paso es pedir ayuda médica inmediatamente y luego comenzar la reanimación cardiopulmonar. Al realizar la reanimación cardiopulmonar, se permite que la sangre oxigenada fluya alrededor del cuerpo de la víctima. Sin esta sangre oxigenada, el cerebro no recibe oxígeno y en cuestión de minutos el cerebro de la víctima comenzará a recibir daños graves. Sólo se necesitan ocho minutos sin flujo sanguíneo para que el cerebro muera.

Después de que la ayuda esté en camino, lo siguiente que debes hacer es colocar a la persona que necesita reanimación cardiopulmonar boca arriba con la cabeza hacia el cielo e inclinar la cabeza en ángulo para asegurarse de que sus vías respiratorias no estén restringidas. Luego, deberás poner tus manos sobre el esternón de la persona y, con los brazos estirados, empujar el esternón de la persona 30 veces de manera rápida. Este paso se denomina compresiones torácicas y la cantidad de fuerza utilizada debe variar dependiendo de quién esté recibiendo la RCP. Para niños pequeños y ancianos, se debe usar poca fuerza ya que sus costillas pueden romperse. Al realizar compresiones torácicas, las costillas de su paciente pueden romperse durante el proceso, por lo que tan pronto como empiece a oír el crujido debes detener inmediatamente las compresiones durante unos segundos y luego reanudar el proceso.

Después de realizar 30 compresiones torácicas, el siguiente paso es respirar por la persona. En primer lugar, debes asegurarte de que su mentón esté levantado y la cabeza inclinada hacia atrás para despejar todas las vías respiratorias hacia los pulmones de la víctima. Luego, aprieta las fosas nasales y crea un sello hermético con tus labios sobre los de la víctima y respira en ellos. También debes mantener un ojo sobre el pecho de la víctima y ver si se eleva hacia arriba y hacia abajo a medida que respiras hacia ellos. Necesitas aplicar dos respiraciones e inmediatamente comenzar a hacer compresiones torácicas de nuevo. Esto debe repetirse una y otra vez hasta que llegue la ayuda o hasta que la víctima empiece a responder y respire por sí misma.

Veneno: Si sientes que tú o alguien más ha ingerido o ha entrado en contacto con una planta venenosa, entonces se requiere una acción inmediata ya que el tiempo es esencial. Lo primero que hay que hacer es reconocer los síntomas. Alguien que está envenenado puede estar confundido o comportarse de manera errática, puede tener dificultad para respirar, mostrar signos de vómito, o tener enrojecimiento o decoloración general alrededor de la cara y las manos. Si no estás en condiciones de recibir atención médica tradicional, lo primero que debes hacer es inducir el vómito. Después de eso, tienes que enjuagar la boca de la víctima con agua. Si hay envenenamiento en la piel, entonces necesitas conseguir jabón y agua y enjuagarla durante 15 a 20 minutos. Si el veneno entra en el ojo, entonces necesitas enjuagar el área durante 20 minutos.

Si fuiste mordido o picado por un insecto o araña, entonces necesitas alejarte de los lugares de anidación de esos insectos y remover cualquier aguijón que todavía esté en la piel. Limpia el área con agua y jabón y luego aplica una bolsa de hielo en el área para reducir la hinchazón. Si te muerde el brazo o la pierna, debes mantener esa área lo más cerca posible del suelo para reducir la cantidad de veneno que se propaga.

Algunas especies de serpientes pueden ser completamente inofensivas, mientras que otras son extremadamente venenosas. Las serpientes a las que hay que prestar atención son la serpiente de cascabel, la boca de algodón y la cabeza de cobre. Si te pica una serpiente, verifica si tienes síntomas de veneno que incluyen hinchazón, náuseas, mareos, desmayos, debilidad, convulsiones, vómitos, diarrea, pulso rápido y pérdida de la coordinación muscular. Si está disponible, también debes agregar un antibiótico a la herida. También es importante que puedas tomar una foto de la serpiente o si puedes matarla con seguridad y llevarla contigo. Esto es para que si llega un equipo médico puedas mostrarles qué tipo de serpiente era y sepan rápidamente qué antídoto usar, ya que todas las serpientes tienen diferentes tipos de veneno. Si no hay otra opción disponible, deberás hacer rápidamente una pequeña incisión por encima del área que fue mordida y luego chupar la herida en un esfuerzo por extraer el veneno de la serpiente.

En los Estados Unidos, todas las serpientes venenosas, excepto la serpiente coralina, son lo que se conoce como víboras de pozo. Como tal, si ves una serpiente gorda con la cabeza grande y las pupilas rajadas con lo que se conoce como orificios por calor en la punta de la nariz, entonces sabes que es venenosa. Como regla general, si te encuentras con una serpiente que es muy delgada, no tienes que preocuparte de que sea venenosa. La serpiente coral es una excepción a casi todas las reglas sobre las serpientes venenosas, lo que significa que debes recordar que si el patrón es rojo y negro, es inofensiva; mientras tanto, si es rojo y amarillo entonces podría matarte.

Capítulo 8: Cómo prepararse ante desastres imprevistos

No importa en qué parte del mundo vivas, es importante estar preparando en caso de algún desastre imprevisto. Ver las señales de algún peligro que se acecha es una cosa, prepararse para ellas es otra totalmente distinta, ya que no es algo que se pueda hacer al azar en el último momento si se espera poder mantener a la familia de manera realista si ocurre lo peor. Cuando se trata de saber si estás listo para lo que te espera, debes asegurarte de contar con un suministro confiable de alimentos y agua, así como con un refugio con el que puedas contar para hacer frente al temporal.

Establece tus prioridades

Hay muchas opciones cuando se trata de asegurarte de tener acceso a los tres requisitos de supervivencia cuando llegue el momento de necesitarlos, lo que significa que lo primero que tendrás que considerar es qué tipos de opciones son las adecuadas para ti. Las opciones de supervivencia van desde lo más moderno y costoso hasta lo más barato y casero, y la variedad es suficiente para hacer que muchas personas tiren la toalla antes de empezar. Sin embargo, las numerosas opciones son manejables, pero sólo si se consideran paso a paso.

Considera lo que necesitarás: Lo primero que tendrás que determinar es qué tan bien sobrevivirá tu refugio, así como cuánta comida y agua vas a querer tener a mano cuando ocurra lo peor. Para calcular esta cantidad, debes tener en cuenta que tú y tus seres queridos podrán pasar hasta tres semanas sin comida de verdad, tres días completos sin agua potable y sólo tres horas en la intemperie en condiciones adversas. Además, es realista suponer que en las principales áreas metropolitanas, las reservas de alimentos disponibles se agotarán en menos de una semana sin la infraestructura existente para almacenarlas. Con esto en mente, es fácil llegar a la conclusión de que necesitarás tener un mínimo de seis meses de alimentos y agua a mano por persona a la que planeas proveer en caso de una emergencia.

Piensa en el agua: Aunque muchas familias no tendrán el espacio ni los medios para almacenar el agua que les durará seis meses, una buena meta inicial es que la familia disponga de agua para dos semanas, lo que significa que cada persona necesitará 53 litros, además de agua para cocinar y limpiar. Lo que es más, ese número debería aumentar en 2 litros cada día durante los meses de verano. Si tienes una familia de cuatro personas, entonces esto significa que querrás tener alrededor de 265 litros de agua limpia y fresca disponible en todo momento. Mientras que esto puede parecer inmanejable, el hecho es que un barril de agua de 190 litros es en realidad bastante manejable y hay opciones de 20 litros apilables para grupos más pequeños que caben prácticamente en cualquier parte. En el capítulo 4 se consideran diversas opciones de almacenamiento de agua.

Piensa en la comida: En el siglo XX, todavía era muy común para todos, incluso para los que vivían en las ciudades, tener una pequeña parcela de espacio reservada para una pequeña huerta, si no otra cosa. Cultivar su propia comida y envasarla para su conservación era sólo una forma de vida y, como resultado, todos tenían a mano mucha más comida de forma rutinaria. Ahora todo ha cambiado, y difícilmente para mejor. De hecho, si se les quitara la posibilidad de comprar comida fresca, la mayoría de las personas no podrían durar una semana con lo que hay actualmente en sus casas. En tiempos de crisis, esto tendría consecuencias graves, ya que las tiendas de comestibles no son la solución, debido a que tienen poco más que unos pocos días de productos a la mano regularmente.

Cuando se trata de almacenar alimentos, lo primero que debes hacer es asegurarte de que el espacio de la despensa que ya tienes disponible esté lleno de productos de larga duración con los que puedas contar durante bastante tiempo. Si bien es probable que sea bastante caro comprar todos los productos necesarios de una sola vez, lo bueno de prepararse para el futuro es que tienes mucho tiempo para hacerlo. Incluso si sólo aumentas tu presupuesto de alimentos en $20 cada semana, podrás tener una reserva de alimentos disponible en menos de seis meses, sin importar cuántas bocas tengas que alimentar.

Al tomar el enfoque fragmentario, es importante mantener notas detalladas relacionadas con las fechas de los productos que has comprado, así como con el momento en que es probable que expiren. Si bien esto puede parecer incómodo al principio, hará que sea mucho más fácil rotar los alimentos según sea necesario, algo en lo que querrás esforzarte por mantenerte al día si no quieres finalmente volver a empezar de cero de forma inesperada.

Mientras que los productos alimenticios comunes están bien, si estás buscando planificar a largo plazo, y no te apetece la idea de pagar el precio más alto por productos empaquetados para durar eternamente, entonces invertir en métodos tradicionales de conservación de alimentos es la opción más lógica. Aunque las herramientas de envasado no sean baratas, a la larga van a costar mucho menos, y la comida que consumes al final del día también será mucho más saludable. En el capítulo 3 se incluyen más detalles sobre el envasado y la conservación. Una buena mezcla de alimentos a corto y largo plazo es crucial para saber que estás preparado para cualquier escenario.

Piensa dónde lo vas a guardar: Mientras planifica cuánta comida y agua vas a almacenar y cómo vas a pagar por ella, es igualmente importante asegurarse de tener el espacio adecuado para almacenarla. El mejor tipo de espacios de almacenamiento son aquellos que están especialmente diseñados para el almacenamiento de alimentos, lo que significa tener en cuenta los niveles de humedad, luz y oxígeno, incluso si ya te has tomado la molestia de envasar los alimentos adecuadamente. Cuando se trata de almacenar tus alimentos y agua para una máxima eficacia, vas a querer buscar un espacio de almacenamiento que se mantenga entre 20 y 22° C de temperatura durante los meses de verano para obtener los mejores resultados. Además, el espacio debe estar oscuro y seco para ayudar a mantener las cosas en su estado ideal durante el mayor tiempo posible.

Capítulo 9: Preparando tu casa

Cuando se trata de prepararse para mantenerte a ti y a tu familia seguros durante una emergencia, es importante tener en cuenta las consideraciones relacionadas con los alimentos y el agua si esperas sobrevivir durante un período prolongado de tiempo completamente por tu cuenta. Sin embargo, estas precauciones no servirán de nada si no te tomas el tiempo para asegurarte de que tu casa esté lo más preparada posible cuando se trata de resistir un desastre grave, así como de los problemas que de él se derivan y que sin duda lo acompañarán.

Realiza un balance de tu situación: Lo primero es lo primero, si quieres estar preparado en caso de una emergencia, vas a querer considerar cuáles serían tus opciones si la mayoría de la infraestructura moderna desapareciera de la noche a la mañana y estuvieras realmente confinado a la parte del mundo en la que vives actualmente. Considera qué recursos ofrece el área de 10 millas (16 kilómetros) alrededor de tu casa y qué tan rápido se agotarían, así como los otros tipos de preocupaciones con las que tendrías que empezar a lidiar inmediatamente para asegurar la supervivencia a largo plazo de tu familia o amigos. Es importante considerar todos los factores principales para tu supervivencia en tu evaluación, así como la probabilidad de tener que tratar con individuos que pueden ser realmente hostiles; recuerda que hombre prevenido vale por dos y que siempre estarás más agradecido de haberte preparado para un escenario, no importa cuán improbable sea, de lo que estarías si te hubieras preparado demasiado para la realidad del asunto en cuestión.

Una vez que haya hecho el inventario de tu área local, lo siguiente que quieres considerar es tu propia casa. Considera sus fortalezas y debilidades tanto estructuralmente como defensivamente, ya que necesitarás considerar ambos si planeas estar preparado para cualquier cosa. Es especialmente importante tomar medidas para estar preparado para reforzar ventanas y puertas. Cuanto más tiempo planees prepararte para lo inevitable, más avanzado será este tipo de preparativos, incluyendo mamparas de alta calidad y puertas de seguridad, aunque tener los suministros a mano para cubrir los puntos débiles también funcionará.

En este punto, el tipo de preparativos que ya tienes a mano no es tan importante como el hecho de que hayas hecho un inventario de tu situación actual. El primer paso para una preparación seria es comenzar y es el escollo para muchas personas, simplemente porque no hay una fecha límite para completarla. No te dejes llevar por la autocomplacencia, haz un inventario de tu casa tan pronto como sea posible, una vez que hayas terminado el proceso te alegrarás de haberlo hecho. Finalmente, también querrás tener un plan general para saber adónde ir en caso de que ocurra algo que haga que tu plan inicial sea obsoleto.

Considera el aislamiento físico: No importa cuál sea el desastre real, una de las cosas más fáciles que puedes hacer para asegurar la supervivencia a largo plazo de ti y de los tuyos es aislarte lo más posible del resto del mundo. Esto no sólo reducirá el riesgo de enfermedad e infección, sino que también reduce drásticamente el riesgo de problemas secundarios o incidentes violentos hasta que se haya restablecido un nivel relativo de orden. Aunque no necesariamente podrás aislar completamente a tu familia del resto del mundo (al menos la mayoría de la gente no lo hará), una buena regla empírica es que cuanto menos contacto tengas con el mundo exterior, mejor.

Para ello, es importante entender lo que se puede hacer de manera realista para crear lo que se conoce como una isla de aislamiento físico entre tu familia y la mayor parte del resto del mundo posible. Mientras que aquellos que tienen terrenos de sobra probablemente no tendrán que preocuparse por este tema, el problema se magnifica a medida que aumenta la densidad popular en el área en la que vives. Sin embargo, mientras tengas tu propio espacio, podrás prepararte de manera realista para limitar al mínimo tu contacto con otras personas durante los momentos más caóticos de las crisis.

Idealmente querrás un espacio secundario fuera de tu casa para ocuparse de las funciones corporales si los servicios públicos no funcionan, así como para proporcionar a tu familia un lugar a donde ir para evitar sentirse aprisionado. La mejor opción es un patio con paredes firmes en los cuatro lados, aunque una cubierta de piso secundario también funcionaría en un aprieto. Una vez más, los detalles no importan tanto como el hecho de que sabes lo que necesitas hacer para fortificar tu espacio tanto como sea posible en un momento dado.

Planifica cómo vas a optimizar el espacio: Prepararse para defender tu espacio está bien, pero es igual de importante tener un entendimiento firme de cómo usarás el espacio si de repente se convierte en todo tu mundo. Es posible que tengas que considerar arreglos adicionales para dormir y vivir para los miembros de la familia que no siempre viven en la casa, lo cual puede hacer que las cosas sean difíciles. También tendrás que planificar dónde almacenarás todos los suministros adicionales que se requieren para estar realmente preparado para cualquier cosa. Al hacer este tipo de preparaciones es importante tener siempre un plan para proporcionar atención médica básica, así como crear una zona de cuarentena en caso de que el desastre sea de naturaleza química.

Los estudios demuestran que cuando se trata de prepararse para situaciones de desastre, el problema número uno con el que la mayoría de la gente se encuentra inesperadamente es la falta de espacio de almacenamiento, simplemente porque es muy fácil subestimar el tamaño de las cosas que no están allí. Como tal, es probable que encuentres más éxito si encuentras contenedores con medidas específicas que encajen en el espacio de almacenamiento existente en tu casa, lo que te permitirá saber exactamente cuánto espacio tienes disponible en un momento dado. Además, una vez que se reserva espacio específicamente para un escenario de preparación de supervivencia, es extremadamente importante resistir la tentación de almacenar algo más en el espacio vacío en el ínterin. Si el espacio destinado simplemente se convierte en espacio de almacenamiento, es probable que no quede nada de él cuando llegue el momento, resiste el impulso y mantén el espacio libre de desorden.

Limpia su casa tan bien como sea posible: A partir de hoy, es importante mantener la casa lo más limpia posible, simplemente porque nunca se sabe si o cuándo vas a perder el acceso a los productos de limpieza frescos. Lo que esto significa es que vas a tener que revisar cada habitación de tu casa y eliminar el desorden innecesario, terminar cualquier proyecto de organización que hayas estado posponiendo y finalmente llegar a arreglar todas las pequeñas cosas que siempre dices que encontrarás tiempo para hacerlo más tarde. En lugar de continuar poniendo este tipo de cosas en segundo plano, haz un esfuerzo para tomar cada aspecto de preparación más seriamente, incluyendo mantener tu propiedad lista para cualquier cosa.

Con todas las pequeñas cosas fuera del camino, entonces querrás dar a cada superficie una limpieza profunda y luego limpiar regularmente con suficiente vigor para mantener las cosas en ese estado avanzando. Aunque es fácil nombrar esta parte del proceso, el hecho es que un medio ambiente más limpio es también un medio ambiente más sano, organizado y eficiente, tres cosas que te beneficiarán independientemente del escenario más amplio con el que te encuentres actualmente lidiando. Mientras que se habla de cambios mayores, a veces los menores van a ser igual de importantes.

Prepárate para lidiar con la fiebre de cabina: Cuando se trata de preparar tu hogar en caso de una emergencia, se habla mucho de lo que se necesita para sobrevivir físicamente, pero se pone relativamente poco énfasis en la salud mental durante los momentos de crisis extrema y aislamiento prolongado. Es importante mantener la mente aguda si tú y tu familia esperan sobrevivir a largo plazo, por lo que es tan importante acumular opciones de entretenimiento de todo tipo para asegurarse de tener siempre algo para pasar el tiempo durante los períodos en los que parece que nunca podrás salir de tu casa sin preocuparte. A pesar de haber decaído en popularidad durante los últimos 20 años, las cartas, los rompecabezas y los buenos libros son una gran manera de pasar el tiempo y mantener tu mente aguda para que estés listo para lo que venga después. Además, si eres religioso, guardar una copia de tu texto religioso favorito, también podría ser un salvador literal.

Capítulo 10: Conservación y envasado

Cuando se trata de conservas, el objetivo es mantener un artículo en un estado de máxima frescura durante el mayor tiempo posible. Esto se puede lograr ya sea a través de lo que se conoce como envasado por baño de agua o a través de un proceso llamado envasado a presión. Si nunca has envasado nada antes, es probable que desees comenzar con el envasado por baño de agua, ya que requiere menos equipo especializado, mientras que al mismo tiempo te da acceso a numerosos tipos diferentes de alimentos para envasar, incluyendo tomates, mermeladas, encurtidos, jaleas y más. Si estás planeando en ir por todo, envasando una comida entera, incluyendo la carne, entonces el envasado a presión será la mejor opción.

No importa el camino que elijas seguir, cuando empieces a envasar, siempre querrás asegurarte de que la comida que elijas sea lo más fresca y natural posible. De la misma manera, querrás asegurarte de que esté libre de imperfecciones o moretones, ya que esto acortará la vida útil del producto, frustrando el propósito en el proceso. En el mejor de los casos, hay que elegir los productos que se han preparado en las 12 horas anteriores, aunque si acabas de recoger una fruta o verdura de la planta, querrás que madure al menos 24 horas antes de su envasado.

Por encima de todo, sin embargo, es importante ser extremadamente cuidadoso cuando se trata de realizar el proceso de envasado ya que, cuando se hace incorrectamente, el envasado puede conducir a envenenamiento severo o incluso a la muerte. Estos peligrosos problemas son mucho más probables cuando se intenta un método no aprobado de envasado, específicamente a través de envasado al vapor, envasado en horno o envasado en microondas, ya que estos procesos no permiten que los frascos alcancen la temperatura requerida para que ocurra el envasado verdadero. Siempre te debe basar en una receta y si los resultados muestran alguna irregularidad visible, deséchalos de inmediato.

Preparar la comida para el envasado: Antes de que puedas envasar tus productos para obtener la máxima frescura, vas a tener que ser capaz de envasarlos en frascos correctamente. El primer tipo de envase es lo que se conoce como empaque crudo y se hace simplemente colocando los artículos que se van a envasar en los frascos momentos antes de que los frascos vayan a ser sellados. Este proceso es más apropiado para las verduras que van a ser envasadas usando un sistema presurizado. El otro tipo de empaque es lo que se conoce como empaque en caliente y es útil para una mayor variedad de alimentos que el empaque crudo. Este método de envasado se realiza hirviendo a fuego lento los alimentos en agua antes de colocarlos en tarros. Aunque no parezca mucho, en realidad reduce la cantidad de aire que se encuentra en los alimentos, aumentando significativamente su vida útil. Como ventaja adicional, el calor adicional hace que el sello de la tapa del frasco sea más hermético.

Envasado con baño de agua

Herramientas necesarias

- Cucharón
- Espátula
- Pinzas
- Un implemento para quitar las tapas de los frascos del agua hirviendo
- Dos ollas grandes
- Un embudo

Cuando se trata de realizar este tipo de proceso de envasado, es importante no seguir adelante sin tener una receta a mano a la que referirse si necesitas orientación adicional. Querrás comenzar colocando ambas ollas de agua en la estufa sobre un par de quemadores a fuego alto/medio. Añadir los tarros y las tapas al agua y dejar hervir durante un mínimo de diez minutos. Después de los diez minutos, deberás sacar los frascos de la olla y llenarlos según las instrucciones de la receta, teniendo especial cuidado de mantener todas las burbujas de aire fuera del frasco.

Una vez que hayas terminado de llenar el frasco, asegúrate de que la boca esté limpia antes de colocar la tapa en el frasco, seguido del anillo y asegúrate de que el sello sea lo más fuerte posible. Una vez que la tapa esté bien cerrada, el siguiente paso es volver a colocarla en la primera olla y colocarla en agua a una temperatura mínima de 100° C durante el tiempo indicado en la receta. Finalmente, asegúrate de que se haya logrado el sellado al vacío en cada frasco antes de almacenarlo.

Consejos para el éxito

- Nunca coloques más de 6 tazas de fruta en un tarro para conservas, ya que más de esta cantidad impedirá que la fruta se cuaje correctamente.

- Si no estás seguro de la calidad del agua, usa 2 cucharadas de vinagre blanco para esterilizarla. Evita el vinagre que tenga una acidez superior al 5 por ciento.

- Para prevenir enfermedades, debes evitar mover los frascos durante 24 horas después de haber terminado el proceso de envasado. Además, al final de ese período, si las tapas no se han abombado indicando un sello fuerte, entonces sabes que algo está mal. Nunca uses una tapa más de una vez.

- La cantidad de tiempo que necesitarás para procesar tus tarros variará en función de la altitud en la que se lleve a cabo el proceso. Si estás entre 300 a 900 metros, entonces puedes esperar que el proceso tome aproximadamente 5 minutos más de lo que podría tomar de otra manera. Si estás por encima de los 900 metros pero por debajo de los 1,800 metros, entonces puedes esperar que el proceso dure 10 minutos más y si estás por encima de los 1,800 metros, puedes esperar que el proceso dure 15 minutos más.

Envasado a presión

Aunque usarás muchas de las mismas técnicas y herramientas con el proceso de envasado a presión que con el envasado a base de baño de agua, el envasado a presión en sí mismo termina haciendo toda la diferencia. Mientras que hoy en día existen en el mercado un sinnúmero de diferentes envasadoras a presión, vas a querer asegurarte de que la que elijas sea lo suficientemente grande como para contener al menos 4 frascos de 1 litro, ya que cualquier cosa más pequeña probablemente no será lo suficientemente poderosa como para manejar las tareas que quieras realizar.

Instrucciones: En primer lugar, debes llenar el envasador lo suficiente para asegurarte de que durante el proceso no se quede sin agua. No necesitarás que los tarros estén completamente sumergidos en este proceso. Tampoco pueden estar totalmente secos. Además, no te preocupes por esterilizar las tapas o los frascos, los frascos limpios y las tapas funcionarán bien. Necesitarán estar calientes para obtener mejores resultados, sin embargo, esto se puede lograr colocando unas pocas pulgadas de agua hirviendo en cada una de ellas después de haberlos limpiado.

Con los frascos preparados, vas a querer llenarlos según las instrucciones de la receta antes de ponerlos a la rejilla dentro de la olla a presión. Con los frascos asegurados, vas a volver a colocar la tapa de la olla a presión y calentarla hasta que hierva. Una vez que empiece a hervir debes ventilar el vapor durante los primeros 10 minutos antes de cerrar la ventilación y dejar que la presión interna aumente al nivel deseado. La cantidad de tiempo que se debe dejar los frascos en el estado presurizado variará según la receta que estés usando. Una vez transcurrido el período de tiempo deseado, deja enfriar el envasador a presión durante 12 horas antes de retirar los frascos.

Al igual que con el envasado con baño de agua, la cantidad de presión que necesitarás usar variará según la altitud. Con un envasador de presión, sin embargo, también necesitarás considerar si estás usando un envasador que tenga un regulador de peso o uno que regulador de disco. Si estás usando un envasador de presión con regulador de disco, y estás envasando a 600 metros o menos, entonces querrás ajustar el medidor a 11. Si estás por encima de los 600 metros y por debajo de los 1,200 metros, entonces querrás ajustar el medidor a 12. Si estás por encima de los 1,200 metros y por debajo de los 1,800 metros, entonces querrás ajustar su disco a 13. Si estás por encima de los 1,800 metros y por debajo de los 2,400 metros, entonces querrás ajustar su disco a 14. Si, por otro lado, estás usando un envasador de presión con un regulador ponderado, entonces querrás usar el ajuste 10 si está por debajo de los 300 metros y el ajuste 15 si está por encima de los 300 metros.

Conservas de frutas

Cuando se trata de envasar fruta, puedes crear fácilmente tu propio jarabe para envasar combinando el azúcar con agua en una cacerola, agregando un poco de calor y mezclando bien. Si deseas un jarabe ligero, usa dos tazas de azúcar y 1 litro de agua, y si deseas un jarabe más espeso, usa tres tazas de azúcar en su lugar.

Manzanas: Cuando se trata de conservar manzanas, las variedades Granny Smith, Gala y Jonagold tienden a ser las más fáciles de procesar. Siéntete libre de envasar manzanas usando cualquier método de envasado y ten en cuenta que 9 kilos de manzanas te darán aproximadamente 7 litros envasados. Para preparar correctamente las manzanas, colócalas junto con el jarabe que has creado en la segunda olla y déjalas hervir. Cuando llegue el momento de llenar los frascos, asegúrate de dejar alrededor de media pulgada de espacio en la parte superior de cada uno, que cada frasco esté libre de burbujas de aire y que la boca de cada uno esté limpia. Por último, cuando llegue el momento de sumergir los frascos, hazlo durante 20 minutos.

Cerezas: No importa si estás envasando cerezas agridulces o agrias, el proceso es el mismo. No importa si tienen huesos o no, 4.5 kilos de cerezas pueden crear cuatro litros de cerezas enlatadas. Cuando llegue el momento de llenar los frascos, asegúrate de dejar alrededor de media pulgada de espacio en la parte superior de cada uno, que cada frasco esté libre de burbujas de aire y que la boca de cada uno esté limpia. Por último, cuando llegue el momento de sumergir los frascos, hazlo durante 25 minutos.

Melocotones: Verás que aproximadamente 1.5 kilos de duraznos son necesarias para llenar un frasco de un 1 litro. Debes asegurarte de hervir los melocotones durante unos 45 segundos, seguido de un baño de hielo, antes de pelarlos para que la tarea sea mucho más fácil. Una vez pelados, debes cubrirlos con jarabe inmediatamente para evitar la decoloración. Los melocotones siguen siendo igual de deliciosos sin importar si están envasados en caliente o crudos, aunque si eliges envasar crudos, asegúrate de llenarlos a medida que avances para obtener mejores resultados. Por otro lado, si envasando los melocotones en caliente, deberás cortarlos directamente en el almíbar para obtener los mismos resultados. Cuando llegue el momento de llenar los frascos, asegúrate de dejar alrededor de media pulgada de espacio en la parte superior de cada uno, que cada frasco esté libre de burbujas de aire y que la boca de cada uno esté limpia. Por último, cuando llegue el momento de sumergir los frascos, hazlo durante 30 minutos.

Albaricoques: Si planeas envasar los albaricoques crudos entonces no necesitarás pelarlos, de lo contrario es mejor que lo hagas. 4.5 Kilos de albaricoques caben perfectamente en 4 tarros de un litro. Para preparar los albaricoques para el proceso, debes cortarlos por la mitad antes de colocarlos boca abajo en los tarros. Cuando llegue el momento de llenar los frascos, asegúrate de dejar alrededor de media pulgada de espacio en la parte superior de cada uno, que cada frasco esté libre de burbujas de aire y que la boca de cada uno esté limpia. Por último, cuando llegue el momento de sumergir los tarros, hazlo durante 25 minutos.

Bayas: No importa qué tipo de bayas prefieras, el proceso de envasado siempre va a ser el mismo. Siempre verás mejores resultados cuando envasas bayas más blandas en crudas, aunque las bayas duras estarán bien a pesar de todo. Cuando llegue el momento de ponerse manos a la obra, encontrará que 4 tarros de 1 litro son suficientes para 7 kilos de bayas de todo tipo. Si planeas envasar en caliente las bayas, querrás agregar un cuarto de taza de azúcar por cada litro de bayas y dejarlas reposar durante tres horas antes de comenzar el proceso. Cuando llegue el momento de llenar los frascos, asegúrate de dejar alrededor de media pulgada de espacio en la parte superior de cada uno, que cada frasco esté libre de burbujas de aire y que la boca de cada uno esté limpia. Por último, cuando llegue el momento de sumergir los tarros, hazlo durante 20 minutos.

Envasado de verduras

Las verduras de todo tipo requieren un envasador a presión para poder almacenar de manera efectiva, también necesitarás agregar 1 cucharadita de sal para enfrascar a cada frasco.

Tomates: Aproximadamente diez tomates caben en cada frasco de un litro y no importa si le quitas la piel o los dejas naturales antes de envasarlos. Cuando llegue el momento de llenar los frascos, asegúrate de dejar alrededor de media pulgada de espacio en la parte superior de cada uno, que cada frasco esté libre de burbujas de aire y que la boca de cada uno esté limpia. Por último, cuando llegue el momento de sumergir los tarros, hazlo durante 25 minutos.

Frijoles verdes: 4.5 kilos de frijoles verdes caben perfectamente en ocho tarros de un litro y el envasado en crudo o en caliente son igualmente exitosos. Para preparar los frijoles deberás partirlos por la mitad y limpiarlos a fondo. Si planeas envasarlos en caliente, debes dejarlos hervir durante cinco minutos y luego escurrirlos antes de envasarlos en los tarros sin apretarlos y luego agregar agua fresca hirviendo. Si estás envasando los frijoles crudos, entonces debes envasar tantos como sea posible en cada frasco. Cuando llegue el momento de llenar los frascos, asegúrate de dejar alrededor de media pulgada de espacio en la parte superior de cada uno, que cada frasco esté libre de burbujas de aire y que la boca de cada uno esté limpia. Por último, cuando llegue el momento de sumergir los tarros, hazlo durante 25 minutos.

.

Maíz: Cuando envases maíz, verás que se necesitan aproximadamente 14 kilos para que entren en 7 tarros de un litro y que el maíz tarda más tiempo en envasarse que otras verduras. Para poder preparar el maíz con éxito, es necesario escaldarlo y luego agregarlo al agua fría para obtener los mejores resultados. Querrás envasar el maíz en caliente para obtener los mejores resultados; por lo tanto, deberás envasarlo en el frasco sin apretar antes de agregar el agua hirviendo por encima. Antes de envasar en caliente, deja que los granos se cocinen a fuego lento durante unos 5 minutos. Cuando llegue el momento de llenar los frascos, asegúrate de dejar alrededor de media pulgada de espacio en la parte superior de cada uno, que cada frasco esté libre de burbujas de aire y que la boca de cada uno esté limpia. Por último, cuando llegue el momento de sumergir los tarros, hazlo durante 90 minutos.

Zanahorias: Es mejor siempre pelar las zanahorias antes de envasarlas para reducir el riesgo de botulismo tanto como sea posible. Se necesita poco más de un kilo de zanahorias para llenar un frasco de un litro. Si piensas envasar las zanahorias en caliente, deberás hervirlas a fuego lento durante unos cinco minutos antes de meterlas en los tarros ligeramente y cubrirlas con agua hirviendo. Cuando llegue el momento de llenar los frascos, asegúrate de dejar alrededor de media pulgada de espacio en la parte superior de cada uno, que cada frasco esté libre de burbujas de aire y que la boca de cada uno esté limpia. Por último, cuando llegue el momento de sumergir los tarros, hazlo durante 30 minutos.

Patatas: Al igual que con las zanahorias, siempre debes pelar las papas antes de envasarlas para reducir el riesgo de botulismo. Se necesitan 4.5 kilos de papas para llenar 7 frascos de un litro. Si piensas envasar las papas en caliente, deberás cocinarlas a fuego lento durante unos cinco minutos antes de meterlas en los tarros ligeramente y cubrirlas con agua hirviendo. Cuando llegue el momento de llenar los frascos, asegúrate de dejar alrededor de media pulgada de espacio en la parte superior de cada uno, que cada frasco esté libre de burbujas de aire y que la boca de cada uno esté limpia. Por último, cuando llegue el momento de sumergir los tarros, hazlo durante 30 minutos.

Envasado de sopas

La sopa sólo puede ser envasada de manera efectiva usando el método de envasado a presión. Al envasar la sopa, deberás evitar cualquier aditivo como fideos, leche, arroz, harina o crema y añadirlos después de haber recalentado la base. Si planeas incluir algo como frijoles o guisantes, entonces querrás cocinarlos completamente antes de envasarlos. Cuando se trata de envasar sopa de forma segura, asegúrate de que todos los ingredientes puedan ser envasados de forma individual para obtener los mejores resultados.

Conservas de carne

Cuando se trata de carne envasada, vas a querer tener en cuenta algunas cosas para obtener los mejores resultados. En primer lugar, debes eliminar la mayor cantidad de cartílago y grasa posible, al mismo tiempo que te aseguras de que la integridad del corte de la carne sea de primera calidad. Normalmente puedes envasar la carne en caliente en el caldo que la acompaña o en crudo. Es importante no intentar nunca envasar la carne con el proceso de baño de agua y sólo utilizar carne enlatada que haya sido elaborada con un envasador a presión. El tiempo necesario para presurizar la carne enlatada es mucho más largo que el tiempo necesario para las verduras, pero todo ese tiempo es necesario para asegurar que funcione correctamente. Debes ser paciente y los resultados valdrán la pena.

Capítulo 11: Almacenamiento de agua

Si bien el almacenamiento de alimentos será muy útil, todo será en vano si no se cuenta con suficiente agua para mantener vivos a todos los seres queridos el tiempo suficiente. Afortunadamente, hay muchas opciones diferentes cuando se trata de almacenar agua a largo plazo, muchas de las cuales se describen a continuación.

Encuentra el contenedor adecuado: En primer lugar, necesitas elegir el tipo de contenedor adecuado para tus necesidades de almacenamiento de agua, ya que no todos los contenedores, incluso los que retienen el agua perfectamente bien a corto plazo, son aptos para largo plazo. Aunque no todos los plásticos deben utilizarse para el almacenamiento de agua a largo plazo, los que tienen la etiqueta de 2, 1, 4 y 5 pueden utilizarse de forma fiable para almacenar agua durante un período de tiempo prolongado.

Si estás pensando en almacenar el agua en un recipiente de vidrio, entonces vas a querer reconsiderar por varias razones. En primer lugar, puede romperse fácilmente y está sujeto a defectos microscópicos que pueden contener bacterias, incluso si el contenedor se limpia con regularidad. El único tipo de vidrio que se puede utilizar de forma fiable es el Pyrex, e incluso así, lo mejor es buscar alternativas siempre que sea posible. En resumen, si estás buscando almacenar una gran cantidad de líquido durante un período prolongado de tiempo, entonces el acero inoxidable va a ser tu mejor opción siempre. Los contenedores de agua de acero inoxidable son relativamente comunes, lo que significa que a menudo se pueden comprar a bajo costo y el agua que se queda dentro de ellos se puede considerar segura durante 40 años o más.

Cuando se trata de almacenar el agua de forma segura a largo plazo, es importante que elijas el tipo de espacio adecuado para obtener los mejores resultados. Vas a querer colocarla en un lugar que sea estructuralmente sólido y que sea poco probable que se encuentre en el camino de los peligros que se avecinan y contra los que espera prepararse. Debe estar en un lugar seco, fresco y oscuro y el sello debe permanecer intacto hasta que sea el momento de usar el agua para evitar la contaminación. Incluso entonces, si tienes acceso regular a agua limpia, entonces deberás asegurarte de cambiar tus reservas cada seis meses para garantizar que se mantenga tan limpia y saludable como sea posible para cuando realmente la necesites.

Limpiando el agua: Si estás almacenando una gran cantidad de agua durante un período prolongado de tiempo, es probable que tengas que considerar formas de mantenerla limpia si necesita reponer la fuente bajo circunstancias menos que ideales. Lo primero que siempre querrás incluir es el cloro. Si estás extrayendo agua del grifo, entonces ya tendrá suficiente cloro para desinfectarla completamente; si no es así, entonces querrá añadir dos gotas de cloro por cada dos litros de agua que estés almacenando. Cuando llegue el momento de elegir el cloro adecuado, es crucial que elijas uno que no contenga más de un 5 por ciento de cloro. Una vez que hayas clorado el agua, querrás asegurarte de que el recipiente permanezca abierto durante al menos una hora antes de su consumo.

Si estás tratando con grandes cantidades de agua, una buena opción a considerar es lo que se conoce comúnmente como choque de piscina. Más oficialmente conocido como hipoclorito de calcio, medio kilo de este aditivo limpiará hasta 38,000 litros de agua sin problemas. Cuando compres hipoclorito de calcio, tendrás que asegurarte de que la pureza no pase el 78%, ni sea menor que

68%. Además, deberás asegurarte de que no tenga descalcificadores de agua.

Si te encuentras en un escenario en el que no estás seguro de la calidad del agua que está disponible para beber, entonces una buena opción es considerar el uso de yodo en ella antes de beber. Si no estás seguro sobre el agua que de otra manera parece ser clara, entonces sólo necesitará usar 5 gotas por 4 litros. Sin embargo, si el agua está turbia además de ser sospechosa, entonces necesitará usar al menos 10 gotas por 4 litros para lograr los resultados deseados.

Preparación a largo plazo

Aunque un amplio suministro de agua te permitirá pasar por un período corto a moderado sin acceso a nuevas fuentes de agua limpia, eventualmente esos suministros se van a agotar. Si te encuentras en un escenario en el que esta es una posibilidad muy real, entonces puede que tengas que considerar las opciones descritas a continuación si no tienes acceso a un pozo en cualquier propiedad existente.

Filtro de agua: Si tienes acceso fácil al agua, sólo que no es fácilmente potable, entonces buscar un filtro de agua es una opción razonable. Los filtros de agua vienen en todas las formas y tamaños, lo que significa que hay uno que es perfecto para tus necesidades en el mercado en algún lugar, no importa lo grande o pequeño que sean. También puedes encontrar purificadores que purifican hasta varios niveles de impurezas incluyendo cosas como bacterias, sal, incluso radiación usando filtros de fibra, otros tipos de filtros pequeños o un tipo de cerámica. Incluso hay filtros UV que funcionan con un panel solar conectado para garantizar que siempre tengas acceso a la filtración de agua con energía eléctrica. Si te preocupa no poder beber el agua existente, hay un tipo de filtro de agua para disipar tus temores. Al considerar varios tipos de filtros de agua querrás asegurarse de que el que elijas no requiera filtros reemplazables, ya que eso más bien va en contra de su propósito.

Alambique de emergencia: Si te encuentras en un lugar que tiene acceso a una gran cantidad de agua no potable, entonces lo que se conoce como alambique de emergencia es una opción práctica. Este tipo de dispositivo funciona recogiendo agua antes de hervirla para eliminar todas las impurezas y luego recogiendo el vapor resultante para que finalmente vuelva a convertirse en agua que haya sido altamente purificada. Estos tipos de dispositivos son a menudo mucho más grandes y complicados que un simple filtro, pero dejan el agua potable indefinidamente y se pueden utilizar para extraer agua de suelo húmedo, orina e incluso materia vegetal. Si te encuentras en la necesidad de una variación de este dispositivo en un apuro, una lámina hecha de un plástico grueso ensartada sobre la acumulación de líquido y un día caluroso proporcionará casi el mismo tipo de efecto

Bomba de agua: Si vas a necesitar eventualmente extraer agua de una fuente subterránea, significa que vas a necesitar una bomba de agua de algún tipo. Las bombas de agua más comunes son operadas manualmente y pueden ser montadas para que funcionen con todo tipo de energía, desde la eólica hasta la de origen animal. Si estás planeando usar una bomba manual, entonces tendrás que determinar cuán profundo tendrá que llegar antes de alcanzar el agua. Si el nivel de agua está por debajo de los 12 metros, entonces necesitarás una bomba profunda en lugar de una que esté clasificada como poco profunda.

Cavando un pozo

Si no tienes un pozo, pero tienes una propiedad de tamaño decente, entonces es muy probable que tengas la capacidad de cavar un pozo propio en muchas partes del mundo. Cavar tu propio pozo no es rápido ni fácil, pero puede ser extremadamente gratificante si te tomas el tiempo para hacerlo correctamente. Considera lo siguiente antes de comenzar para asegurarte de que tu trabajo de cavar un pozo no haya terminado antes de que comience.

Conoce el área: Aunque esto pueda parecer obvio, es sorprendente lo poco que muchos propietarios saben de su propiedad. En primer lugar, vas a necesitar estar al tanto de cualquier campo de lixiviación o tanques sépticos que se puedan encontrar en la propiedad, ya que las bacterias de este tipo de áreas se pueden encontrar hasta 30 metros bajo tierra. Además, querrás evitar todo tipo de afloramientos rocosos ya que generalmente son un buen indicador de roca adicional subterránea que puede hacer el proceso de excavación infinitamente más difícil y puede causar que el agua resultante tenga también un fuerte sabor mineral.

Con los peligros mayores fuera del camino, tendrás que investigar los detalles del área y averiguar cuál es el mejor lugar para comenzar. Si estás en los Estados Unidos, el mejor lugar para comenzar a encontrar detalles en tu área en particular, es el Servicio Geológico de los Estados Unidos (US Geological Survey), al que se puede acceder en Water.USGS.gov. Lo siguiente que necesitarás determinar es cómo son las leyes locales con respecto a los permisos que necesitarás para cavar tu propio pozo si estás interesado en mantener todo en orden.

Cavando un pozo: Un pozo excavado a mano puede ser tan simple o tan complicado como decidas hacerlo. Sin embargo, hay algunas cosas que querrás siempre tener en cuenta si esperas simplificar el proceso. En primer lugar, esto significa que querrás forrar la parte superior del pozo, también conocido como revestimiento; esto simplemente significa rodear el borde exterior del pozo con piedras para evitar la contaminación excesiva del mismo. Como bono adicional, esto mantendrá la apertura del pozo estable y ayudará a salvar tu duro trabajo de un derrumbe. Sabrás que has terminado de cavar el pozo a mano tan pronto como el fondo del pozo comience a llenarse de agua.

Capítulo 12: Fundamentos del almacenamiento a largo plazo

Aunque la tecnología moderna de refrigeración es tan común en muchas partes del mundo que no merece la pena pensar en ella, el hecho es que existen muchas opciones de almacenamiento que no requieren el sistema de ninguna forma. Si estás buscando una manera de almacenar tus productos recién envasados, entonces la mejor manera de hacerlo, con o sin electricidad, siempre va a ser una bodega.

Las bodegas se han mantenido como una alternativa fiable de almacenamiento de alimentos a lo largo de los siglos por su capacidad de mantener los alimentos hasta 4.5° más frescos que la temperatura exterior, a la vez que se asegura de que no se congelen en el invierno. Sin embargo, nunca serán tan uniformes como los métodos más modernos de almacenamiento de alimentos, y pueden experimentar hasta una variación de 5 grados entre la parte superior la bodega y de la base. Además de la temperatura, las bodegas aumentan naturalmente la cantidad de humedad en el aire, manteniendo los productos frescos en un estado de mayor frescura durante un período prolongado de tiempo. La humedad natural de la mayoría de los espacios subterráneos significa que en todas partes, fuera de climas extremadamente áridos, debe ser naturalmente adecuada para el trabajo.

Planificando tu bodega

Considera el nivel de humedad: Cuando se trata de construir una bodega, lo primero que hay que tener en cuenta es el tipo de elementos que se van a almacenar. Sin embargo, si está almacenando principalmente productos envasados, querrás un nivel general de humedad más bajo que si estás almacenando una mayor cantidad de productos frescos. Si la humedad es demasiado alta, entonces las tapas metálicas podrían oxidarse, por lo que deberías invertir en un higrómetro para asegurarte de saber siempre el nivel de humedad actual en un porcentaje exacto. Si ves que tienes un nivel de humedad que es consistentemente más alto de lo que te gustaría, entonces querrás incluir pisos de concreto en la bodega así como un barril de sal de roca para ayudar a absorber la humedad en el aire o aumentar el nivel general de ventilación.

Considera tu ubicación física: La parte del mundo en la que vives con frecuencia jugará un papel importante en el tipo de método de almacenamiento que será el más efectivo en la bodega. Si vives en una parte del mundo con inviernos muy suaves, entonces no podrás almacenar muchas verduras o frutas frescas a la temperatura adecuada. Sin embargo, podrás almacenar fácilmente frutas secas, así como nueces y granos. Si vives en un clima más frío, entonces tendrás miedo de que las cosas se congelen completamente, por lo que necesitarás considerar pasos como mejorar el aislamiento, así como las rejillas de ventilación que sean calentadas por el sol para traer aire más caliente en los días fríos del invierno. En un abrir y cerrar de ojos, puedes utilizar las viejas bombillas eléctricas y barriles de agua para evitar que los alimentos se congelen.

Considera los requisitos legales: Determinar los requisitos legales para construir una bodega en tu área puede ser complicado, simplemente debido a lo pasados de moda que quedaron las bodegas en el mundo moderno. Desafortunadamente, el hecho de que no puedas encontrar el formulario correcto en línea, no significa que no se requiera un permiso, lo que significa que probablemente tendrás que visitar una oficina del gobierno para obtener la documentación adecuada. Si tienes suerte, te darás cuenta de que la zona en la que vives considera las bodegas como una forma de cobertizo que está exenta de permisos de construcción. La adición de una bodega a un sótano existente puede considerarse a menudo como una renovación de un espacio existente que puede no requerir un permiso en algunas áreas, pero que todavía lo requerirá en otras, por lo que es mejor saber siempre cuáles son los requerimientos locales antes de empezar.

Cómo empezar

Incluso si no sabes exactamente qué forma va a tomar tu bodega, es probable que sepas lo que esperas mantener algún día en ella. Esto es, de hecho, lo único que necesitas saber en esta fase, así que si sabes lo que quieres almacenar, entonces estás realmente por delante del juego. Es importante comenzar siempre con estos detalles, ya que ciertas combinaciones de productos simplemente no pueden almacenarse juntos durante un período prolongado de tiempo con éxito debido a los procesos naturales que tienen lugar cuando se asientan durante un período prolongado de tiempo.

Por ejemplo, se sabe que las ciruelas, las peras, los melocotones y muchas verduras, incluidos los tomates y la col, producen gas etileno, lo que significa que garantizarán que cualquier patata o zanahoria que se guarde cerca de ellos sin la ventilación adecuada siempre será excesivamente amargos. Sabiendo esto, entonces querrías almacenar estos tipos de productos cerca de la parte superior de tu bodega y también cubrirlos con tierra para mantener las emisiones al mínimo. Deberás dar el mismo tratamiento a las cebollas y a la col china, así como a sus sabores únicos que se filtrarán a los vecinos cercanos si no tiene cuidado.

Además de los productos, hay que tener en cuenta los otros tipos de cosas que se quieren guardar en la bodega. El espacio fresco y oscuro es ideal para la cerveza, el vino y la sidra, así como para curar carnes como el jamón y el tocino, junto con carnes ahumadas en invierno, si estás seguro de que la bodega se mantiene a menos de 40 grados

Fahrenheit (4. 44° C) durante más de un mes a la vez. Si alcanza esa temperatura, también podrá almacenar la leche durante varios días junto con los granos y las nueces, siempre y cuando la humedad no sea demasiado alta y se tomen precauciones para protegerse de los insectos. Si acabas de empezar entonces una buena base de productos a incluir serían manzanas y patatas que se mantendrán durante el mayor período de tiempo, seguido por coles, cebollas, calabacines, calabazas, repollos, nabos, frijoles, nueces y pimientos secos.

Requisitos mínimos: Si estás buscando almacenar algo de comida lo más rápido posible, la manera más fácil de hacerlo es empezar con un tacho de basura típico de metal el cual lo tienes que enterrar completamente, ya que al menos te dará un lugar para almacenar si es necesario. Si tomas este camino, todo lo que necesitas hacer es cavar un hoyo que sea un poco más grande que el diámetro total del turril y lo suficientemente profundo en el suelo como para que se asiente cómodamente, unos diez centímetros por debajo de la capa superior del suelo, antes que lleguen las primeras heladas del invierno.

Después de haber colocado el turril en el suelo, puedes aislarlo aún más con paja para rellenar el espacio restante. Después de haber colocado la tapa de del turril, deberás cubrirla con plástico resistente para evitar que entre cualquier cosa, así como paja adicional, o incluso mantillo, para ayudar a que lo que haya en su interior mantenga una temperatura confiable. Verás mejores resultados con este tipo de almacenamiento para las hortalizas de raíz. Esto te permitirá mantener las patatas y similares frescas durante todo el invierno.

Elije un diseño para la bodega: Mientras que el diseño más popular para una bodega es probablemente el que está construido en la ladera de una pequeña colina, muchas bodegas modernas simplemente se construyen directamente hacia abajo, a menudo con una puerta, o un par de puertas entre la bodega y el mundo exterior. Si tienes acceso a ellos, muchos tipos de contenedores de almacenamiento de metal que han sido enterrados en el suelo son un gran punto de partida para bodegas de todos los tamaños.

Independientemente del estilo que elijas, lo que hace que la bodega sea tan efectiva es el hecho de que el suelo que la rodea proporciona un medio muy fiable de aislamiento, manteniéndola caliente y fresca en igual medida. Sin embargo, para lograr este efecto, vas a necesitar por lo menos uno a 1.2 metros de tierra en todas las direcciones, de lo contrario se va a perder el efecto completo. Si tienes la capacidad, debes intentar conseguir 3 metros en todos los lados para una cobertura completa, especialmente si tienes el clima que azota fuertemente en una dirección u otra.

Cuando se trata de perfeccionar el diseño adecuado para tus necesidades, es importante tener en cuenta cualquier restricción impuesta a las bodegas en función de la propiedad en la que la estás colocando, sobre o debajo de ella. Los diseños de bodega más populares en la actualidad incluyen un par de habitaciones separadas entre sí para asegurar que la humedad se mantenga mucho más alta en una habitación que en la otra. Esto te proporcionará la capacidad de almacenar fácilmente numerosos artículos de diferentes tipos sin tener que preocuparse por problemas potenciales en el futuro. Estas configuraciones típicamente colocan la habitación que tiene un nivel más bajo de humedad fuera de la habitación con el nivel más alto de humedad para obtener los mejores resultados.

Al tomar este tipo de decisiones, definitivamente querrás tener en mente el espacio general del resultado final, ya que de lo contrario puede salirse de control rápidamente. Si estás planeando alimentar a una familia de cuatro personas, entonces querrás planear dos habitaciones de 2.5 x 2.5 como mínimo. Si esperas prepararte para alimentar a más de cuatro personas, querrás añadir 0.5 metros cuadrados extras de espacio por cada persona adicional que planees alimentar.

Eligiendo el lugar adecuado: Cuando llegue el momento de encontrar el lugar adecuado para la bodega, es importante tener especial cuidado en considerar las partes de la misma que en última instancia estarán directamente expuestas al mundo exterior. Considera tener especial cuidado para asegurarse de que no reciba la luz directa del sol, ya que esto puede fácilmente alterar la temperatura final y arruinar el trabajo duro en el proceso. Para asegurarse de estar obteniendo el ángulo correcto con el sol, deberás construir siempre en la cara norte de cualquier colina o en un espacio que de otra manera esté naturalmente a la sombra el 100 por ciento del tiempo (Lo opuesto en el hemisferio Sur). Además, deberás tener especial cuidado para asegurarte de que el techo no tenga ninguna gotera u otro tipo de escurrimiento de lluvia u otros elementos. Para asegurarse de que estos peligros no sean insuperables, ten cuidado de revisar las puertas que estén inclinadas u otros tipos de opciones de drenaje fácil.

Si planeas construir una bodega en un sótano existente, hay varias cosas que debe tener en cuenta para facilitar al máximo su uso. En primer lugar, si lo colocas en la esquina noreste, entonces podrás usar la base para dos lados de tu bodega. Además, asegúrate de usar mucho aislamiento, ya que la misma casa aportará naturalmente mucho más calor que el ambiente circundante. Además, también deberás incluir un sistema de ventilación que se utilice expresamente en la bodega para evitar problemas.

Si tu plan es construir una bodega que se dirija directamente al suelo, lo primero que tendrás que hacer es asegurarte de que la zona deseada esté libre de raíces antes de comenzar. No sólo el hecho de tener que excavar a través de las raíces hace que el proceso consuma mucho más tiempo del que consumiría de otra manera, sino que también conduce a una estructura que es menos estable en general. Luego, tendrás que ser consciente de cómo se va a drenar el espacio que estás preparando. Si el suelo que estás excavando es naturalmente arenoso, es probable que no tengas muchos problemas, de lo contrario tendrás que construir la bodega en un ángulo inclinado para mejorar el drenaje. Además, si regularmente alcanza los 25 grados F (-4° C) o menos donde vives en los meses de invierno, entonces tendrás que asegurarte de que la bodega esté completamente por debajo de la línea de congelación y que esté aislada con algo más que tierra para evitar que los productos se congelen por completo.

No descuides el flujo de aire: Es importante asegurarse de que la bodega tenga un flujo de aire regular, lo que significa que deberás planificar hacia dónde quieres que vayan los conductos de ventilación antes de comenzar la construcción. Tener la cantidad adecuada de flujo de aire también asegurará que los olores o, lo que es peor, el gas etileno, puedas salir libremente del espacio según sea necesario, a la vez que ayuda a mantener la temperatura más cálida o más fría, dependiendo de la época del año. Necesitarás tener al menos un par de rejillas de ventilación, una en la parte superior del espacio y otra en la parte inferior, para que el aire circule correctamente, aunque siempre será preferible tener varios pares.

Independientemente de cómo planees el espacio, es importante que en última instancia elijas usar respiraderos que incluyan un filtro para mantener fuera cualquier contaminante que pueda arruinar todo el arduo trabajo. Estos respiraderos también deberán tener la capacidad de cerrarse contra los elementos en caso de que sea necesario. Las eventuales rejillas de ventilación que elijas deberán ser capaces de girar para atrapar o prevenir los vientos, según sea necesario.

Para asegurarse de que todas las estanterías reciban la cantidad correcta de flujo de aire, es recomendable espaciar las estanterías por lo menos una pulgada de distancia entre sí, así como de cualquier pared. Cada uno de los estantes también debe dejar una pulgada de espacio entre la parte superior de los artículos y el siguiente estante y debe estar abierto con por detrás. Estas precauciones permitirán que el aire se mueva alrededor de cada uno de los artículos sin obstáculos por todos lados. Por ello es recomendable no almacenar nada directamente en el suelo. Para obtener los mejores resultados, siempre será preferible tener estantes o repisas pequeñas.

Control de plagas: Si te preocupan las plagas comunes que se cuelan dentro del sótano, lo primero por hacer es cubrir las paredes, el suelo y el techo del ambiente con una malla de alambre fino que no permita que pasen bichos o roedores. Si existen plagas más serias en el área, entonces es mejor planear en consecuencia para asegurarse de que cosas como el veneno se mantengan lejos de los productos para prevenir la contaminación cruzada. Para evitar que las plagas penetren en los productos que estás almacenando, es importante comprobar todo lo que se trae al espacio de antemano. Es más, tendrás que revisar todos los artículos una o dos veces por semana durante los primeros dos meses para asegurarte de que todo permanezca tal y como debe ser.

Capítulo 13: Variaciones en las bodegas

Aunque en este capítulo se tratarán varios tipos diferentes de bodegas, es importante tener en cuenta que ninguna de ellas utiliza madera en su construcción, a menos que ya haya sido impermeabilizada con una solución apta para alimentos. Este es un paso extremadamente importante si planeas usar madera, ya que de lo contrario puede perder fácilmente el valor de un año entero de almacenamiento debido al moho y los olores.

Construyendo una bodega en el sótano: Cuando se trata de construir una bodega en el sótano, es mejor comenzar en el área que ya es la más húmeda. Si puedes encontrar un lugar que tenga por lo menos 80 por ciento de humedad, entonces sabes que estás por buen camino. Una buena opción es a menudo algún lugar cerca de la bomba de sumidero. Si planeas construir en una esquina para aprovechar las paredes existentes, es importante pensar en el movimiento del sol durante todo el día para asegurarse de que no estar eligiendo accidentalmente un área que recibe mucho calor, incluso si estás construyendo en interiores.

Para asegurar que el flujo de aire esté al nivel deseado para este tipo de construcción, deberás adquirir por lo menos un par de tuberías de PVC de 3 pulgadas. Estos tubos deben ser lo suficientemente largos para que atraviesen toda la pared, tanto en la parte superior como en la inferior. Es importante evitar que esta ventilación atraviese la propiedad, si es posible, para evitar que los cambios de temperatura en la casa afecten negativamente a la bodega. Después de haber colocado las tuberías donde quieres que vayan, deberás tapar las rejillas de ventilación añadiendo una válvula de explosión y asegurándolas apropiadamente para proporcionar un control total sobre el flujo de aire que entra y sale del espacio.

Con el flujo de aire firmemente establecido, lo siguiente por hacer es encontrar las paredes adecuadas para la bodega, lo que en este caso significa algo que es inherentemente resistente a la putrefacción, como el cedro u otra madera que haya sido tratada para evitar daños por el agua. Una manera fácil de hacerlo es usar un par de 2x4 pulgadas de cedro sujetados al techo y al suelo respectivamente con un panel de lo que se conoce como tablero verde, sustancia con los que a menudo se fabrican los puestos de ducha, en el medio. Una vez que tengas el panel exterior en su lugar, lo siguiente que querrás hacer es añadir aislamiento de fibra de vidrio tanto por dentro como por fuera. Recuerda que el objetivo es crear un espacio que tenga la mayor cantidad posible de flujo de aire limitado.

Con las paredes construidas, lo siguiente que tendrás que hacer es encontrar los estantes adecuados para la bodega. La mejor opción en la mayoría de los casos son las estanterías metálicas perforadas, ya que son naturalmente resistentes a los elementos y evitan que el agua se acumule alrededor de los productos. Cuando se trata de elegir la puerta correcta, o el par de puertas, para proteger la bodega, puedes comprar algo que sea prefabricado o fabricar uno usando madera contrachapada de 25 pulgadas colgada con un par de pernos. También puede ser útil seleccionar una puerta que pueda abrirse por la mitad para facilitar el acceso a las cosas cercanas a la puerta sin dejar salir todo el aire frío que se ha asentado en el fondo del espacio y obligar a que el proceso comience de nuevo.

Bodega construida con sacos de tierra: Si estás considerando construir en una colina o directamente en el suelo, entonces una bodega construida con bolsas de tierra es una opción natural. Toda esa suciedad tiene que ir a alguna parte de todos modos y no hay mejor lugar que directamente en la construcción de la bodega. Las bolsas de tierra vienen en un número de variedades y son simplemente bolsas de construcción diseñadas para ser llenadas fácilmente con tierra. Para crear con éxito este tipo de bodega, vas a necesitar las ya mencionadas bolsas de tierra, un cedro u otro tipo de marco de puerta tratado, tuberías de PVC, alambre de púas, grava y cordel de sisal.

Una de las partes más engorrosas de todo el proceso es en realidad el llenado de las bolsas de tierra, aunque va mucho más rápido con la ayuda de un par de manos extras. En esta situación, una persona tendrá que estar exclusivamente a cargo de quitar cualquier vegetación de la tierra, así como grandes piedras y llenar las bolsas mientras que la segunda persona entonces las coloca en posición.

Para empezar, deberás empezar por excavar el espacio que usarás para una habitación de 2.5 metros cuadrados. Una vez que esto se haya completado, entonces necesitarás agregar cualquier drenaje que planees usar, las tuberías de PVC de 4 pulgadas harán el trabajo siempre y cuando estén llenas de agujeros para ayudar a maximizar el drenaje. Con la tubería en su lugar, deberás cubrirla con 30 centímetros de grava que haya sido apisonada fuertemente. Una vez que esto haya terminado, tendrás el suelo de la bodega en su lugar.

El resultado final de este tipo de proceso será naturalmente un círculo, y el proceso de construcción consistirá en la superposición de bolsas de tierra en círculos cada vez más pequeños. Como tal, si esperas que el espacio se cierre según lo planeado, tendrás que medir con precisión el diámetro de la primera capa para asegurarte de que alcance el techo en el período de tiempo predeterminado. Además, tendrás que considerar cualquier espacio que necesites para una puerta, así como la ventilación al principio para asegurarse de que las cosas salgan bien.

Deberás llenar las primeras bolsas con una mezcla que sea de aproximadamente 20 por ciento de concreto para darles un poco de peso extra, aunque después de las primeras tres o cuatro capas puedes cambiar a solo tierra. Después de terminar una capa, deberás apisonarla a fondo y luego colocar dos líneas de alambre de púas a través de ella para asegurar que todo permanezca donde debe estar. Verás que cada capa será naturalmente más pequeña que la anterior, aunque este no es un proceso en el que debas apresurarte para asegurar la máxima estabilidad.

Después de haber completado la estructura, deberás envolver todo por lo menos con dos capas de plástico de polietileno pesado antes de aislarla usando barro, o algo más aislante según sea necesario. Para prevenir la humedad no deseada, entonces deberás cubrir generosamente el interior del espacio con yeso a base de cal para permitir que el espacio pueda respirar y al mismo tiempo protegerlo contra la humedad excesiva. Es importante encontrar los estantes adecuados para asegurarse de que no ocupen un gran espacio, ya que es más difícil acomodar la estantería en un espacio redondo.

Bodegas prefabricadas: Si te gusta la idea de enterrar algo en el suelo, pero no quieres comprar directamente una bodega prefabricada, la opción más rentable es a menudo un tanque séptico que nunca antes se haya utilizado. A menudo se pueden encontrar tanques que tienen fallas que los hacen inutilizables en un sentido tradicional, y pueden ser reacondicionados para propósitos de bodega por centavos de dólar, aunque necesitarás un tanque que sea de al menos 9,500 litros para que tenga el tamaño suficiente que necesitarás para moverte con relativa facilidad. Un tanque de ese tamaño, que de otra manera sería inutilizable, probablemente costaría alrededor de $800. Cuando vayas a comprar un tanque, es importante que siempre pidas al vendedor que retire la partición incluida para ahorrarse algo de trabajo.

Después de que hayas comprado un tanque séptico nuevo y encontrado el lugar donde colocarlo, asegúrate de colocar una capa gruesa de piedra triturada, en lugar de simplemente colocarla en el suelo, ya que esto hará que sea más fácil nivelar el tanque antes de comenzar. Después de tener el tanque en su lugar, tendrás que hacer agujeros para la ventilación, así como la puerta, para lo cual necesitarás una sierra capaz de cortar el hormigón. Para empezar, deberás marcar un punto en el tanque aproximadamente a 10 centímetros del fondo, en el lado opuesto al que ya tiene un agujero. Este punto marcará el borde inferior de la puerta.

Cuando se trata de cortar los agujeros para la ventilación y la puerta, es importante tomar siempre las precauciones apropiadas para utilizar una sierra de hormigón, además, es posible que necesites un mazo para completar este proyecto correctamente. Para encontrar la puerta correcta, la mejor opción es encontrar una puerta de acero aislada y ya sujetada a un marco que pueda atornillarse en su lugar. Como tal, es importante saber qué puerta vas a utilizar antes de cortar el agujero de la puerta.

Para cortar correctamente los orificios de ventilación, deberás asegurarte de tener siempre un mínimo de 10 centímetros de ancho, ya debería existir un orificio de ese tamaño en un extremo, lo que significa que en la mayoría de los casos sólo tendrás que cortar un solo orificio adicional. Para hacer que la limpieza de la bodega sea muy fácil, también querrás incluir un agujero en el centro de la parte inferior que se puede utilizar como desagüe.

Con todos sus agujeros creados, todo lo que tienes que hacer es armarlo. Esto incluye el sellado de la escotilla de acceso original que normalmente se encuentra en la parte superior del tanque. A continuación, deberás cubrir este punto de acceso con varias capas de plástico grueso para garantizar que siga siendo impermeable durante muchos años. Una vez que esto se haya completado, todo lo que queda es rellenar el espacio alrededor de la bodega con barro o con un material más aislante, según sea necesario. Además, deberás construir un muro de contención cerca de la puerta principal para evitar que la suciedad entre en la bodega.

Conclusión

Gracias por llegar hasta el final de *Guía De Supervivencia: La guía máxima de cómo sobrevivir todo tipo de peligros inesperados, desastres naturales y situaciones peligrosas*, esperemos que haya sido informativa y capaz de brindarte todas las herramientas que necesitas para lograr tus metas de supervivencia, sin importar lo que sean. El hecho de que hayas terminado este libro no significa que no queda nada que aprender sobre el tema, ya que la expansión de tus horizontes es la única manera de encontrar la maestría que buscas y siempre hay más información crítica para tu supervivencia a largo plazo que se puede obtener de alguna parte, como los otros libros de esta serie.

Recuerda, lo más importante que puedes hacer en una situación de supervivencia es mantener la calma y evaluar inmediatamente tu condición así como la de tu entorno en un esfuerzo por determinar cuáles de tus necesidades primarias vas a tener que atender primero. Muchos ambientes pueden ser engañosamente mortales y mantenerte en guardia en todo momento siempre va a ser clave, nunca sabes cuándo estar en alerta máxima puede salvarte la vida. Una de las grandes fortalezas de la humanidad es su capacidad de adaptarse a prácticamente cualquier situación; es lo que nos ha convertido en la especie dominante en este planeta y lo que puede ayudar a sobrevivir en cualquier clima, en cualquier situación. Recuerda siempre que la supervivencia debe ser vista como un maratón en lugar de una carrera de velocidad, y que la victoria es lenta y constante.

La supervivencia es más que simplemente conocer la teoría detrás del escenario en cuestión, se trata de experimentarla también en la práctica. Todos los libros del mundo no te ayudarán cuando te encuentres en una situación real de supervivencia si nunca has montado una tienda de campaña en la vida real. Equilibra tus estudios con experiencias de la vida real para obtener los mejores resultados.

Los estudios muestran que las tareas complejas que se dividen en partes pequeñas, incluidos los plazos individuales, tienen muchas más posibilidades de completarse en comparación con un gran proyecto por completar, pero sin tiempo real para hacerlo. Aunque parezca una tontería, sigue adelante y fija tus propios plazos de finalización, con indicadores de éxito y fracaso. Una vez que hayas completado con éxito todos los preparativos necesarios, te alegrarás de haberlo hecho.

¿Te gustaría estar armado con habilidades de supervivencia para que sepas exactamente qué hacer si tu vida prende de un hilo?

Es imposible saber qué resultado esperar cuando te enfrentas a una situación que pone en peligro la vida.

Conocer las habilidades correctas de supervivencia y cómo reaccionar cuando el peligro es inminente, es una habilidad tan rara y valiosa, que desafortunadamente muy pocos poseen.

Armarse con el conocimiento y las herramientas adecuadas aumentará dramáticamente las probabilidades de supervivencia en casi cualquier situación imaginable.

Ya sea que estés en la naturaleza o enfrentando los efectos de un desastre natural, hay poco margen de error cuando el peligro está delante tuyo.

¿Te gustaría tener instintos de supervivencia bien pulidos que puedan hacer efecto en el momento exacto en que los necesites?

Aquí hay algo de lo que puedes esperar aprender dentro de las páginas de este libro:

Descubre exactamente qué pasos debes seguir para pasar de no tener ni idea a sentirte en completo control cuando te enfrentas a una amenaza.

Las cosas clave que siempre debes tener en mente para aumentar tus posibilidades de salir victorioso.

Todo sobre la comida, el agua, el fuego y la construcción de un refugio con las manos cuando estás en el desierto.

Conoce todo sobre las herramientas cruciales que todo sobreviviente debe tener.

Aprende a esperar lo inesperado con una planificación y preparación adecuadas.

De principiante a experto. No se requiere ninguna habilidad o conocimiento previo.

Al igual que cualquier otra habilidad, aprender a prosperar en situaciones que amenazan la vida, se puede aprender y dominar con la orientación y la acción adecuadas.

¿Estás listo para hacer la transición?

Aumenta las probabilidades. Sobrevive a cualquier situación. Toma el control. ¡Empieza por desplazarte hacia arriba y haz clic en el botón COMPRAR AHORA en la parte superior de esta página!